U0578280

中华历史文化名楼

# 阅江楼

南京阅江楼管理处　编著

文物出版社

图书在版编目（CIP）数据

　　阅江楼 / 南京阅江楼管理处编著. —北京：文物出版社，2012.9 （2018.12重印）
　　（中华历史文化名楼）

　　ISBN 978-7-5010-3555-7

　　Ⅰ.①阅… Ⅱ.①南… Ⅲ.①楼阁—介绍—南京市 Ⅳ.①K928.74

　中国版本图书馆CIP数据核字（2012）第218808号

中华历史文化名楼
# 阅江楼

_____

编　　著：南京阅江楼管理处
责任编辑：周小玮
重印编辑：李　睿
责任印制：张道奇
封面设计：薛　宇

出版发行：文物出版社
社　　址：北京市东直门内北小街2号楼
邮　　编：100007
网　　址：http://www.wenwu.com
邮　　箱：web@wenwu.com
经　　销：新华书店
印　　刷：文物出版社印刷厂
开　　本：787×1092　1/16
印　　张：7.5
版　　次：2012年9月第1版
印　　次：2018年12月第2次印刷
书　　号：ISBN 978-7-5010-3555-7
定　　价：40.00元

_____

# 《中华历史文化名楼》丛书编辑委员会

# 目　录

　　阅江楼景区占地总面积 17 公顷，阅江楼主体建筑面积 5000 平方米，于 2001 年建成对外开放。阅江楼景区下属的天妃宫、静海寺于 2005 年为纪念郑和下西洋 600 周年分别重建和扩建。重建的天妃宫一期工程，占地面积 1.1 万平方米，建筑面积 2688 平方米；扩建的静海寺占地面积 1.2 万平方米，建筑面积 4700 平方米。

　　阅江楼景区为"以城市山林和大江风光为景区特色，以明代历史遗存为主要内涵，集自然景观、生态休闲、人文鉴赏功能于一体的城市型风景区"，以明文化为主题；天妃宫为"民俗文化及民间祭祀场所"，以妈祖文化为主题；静海寺纪念馆为"爱国主义教育基地"，以爱国文化为主题。

# 前 言

　　"江南佳丽地，金陵帝王州"。南京与西安、洛阳、北京并称为我国
四大古都，亦有"六朝古都、十朝都会"之美誉。历史悠久，人文荟萃，
拥有星罗棋布的名胜古迹，无数传扬古今的名篇巨著和丰富多彩的文化遗
产。位于南京城西北的阅江楼，是南京众多人文景观中的一朵奇葩，是南
京明文化遗产中的一枚瑰宝。它与武汉的黄鹤楼、岳阳的岳阳楼、南昌的
滕王阁并称为江南四大名楼，为历代达官显贵、墨客骚人际会四方之客，

酬唱应和之曲的揽胜抒怀之所，也为当今海内外游人赏景怡情、追忆历史的理想之地。

　　阅江楼之名源于明朝开国皇帝明太祖朱元璋。阅江楼坐落在狮子山上，狮子山原名卢龙山。公元1360年朱元璋在卢龙山指挥8万伏兵，大败劲敌陈友谅40万军队，为其称帝奠定了基础。公元1373年，天下大定，朱元璋重游卢龙山，登顶之际，极目长江，钟山龙盘，石城虎踞，顿感大江东去，豪气万丈。当即下旨将"卢龙山"改名为"狮子山"。次年新春，朱元璋意犹未尽，突发奇想，要在狮子山上建一座甲天下之楼，并亲自撰写了《阅江楼记》，但终因种种原因未能建成。纵观历史上的江南名楼，都是先有楼后有记，之后再以楼传文、楼以文传。唯独大明皇帝朱元璋敢为天下先，把阅江楼"烂漫"成有记无楼的空中楼阁。斗转星移，人世沧桑，这座让南京人空等了六百年的阅江楼终于在2001年9月建成。可谓"有记无楼六百年，政通人和今成真"。

　　阅江楼与其他名楼相比，以其琉璃绿瓦、鎏金重檐、雕花屏阁、朱漆廊柱等工艺见长。整体风格古朴高雅，蔚为壮观。且具观景位置最佳、规

**狮岭雄观阅江楼**

模最大、规格最高等独特之处。他气势恢弘、结构精巧、造型大气、风格古朴，帝王风范，被海内外人士啧啧称赞。阅江楼水环城、城抱山、山托楼，融山水城楼于一体，汇历史积淀、人文风情、现代理念于大统，为世人展示了世纪名楼的王者风范。登上阅江楼，放眼远眺，浩瀚的大江风光一览无余，令人心旷神怡。背江而望，金陵全景尽收眼底，正可谓"阅江、阅城、阅天下"。

《阅江楼》以明文化为主线，围绕阅江楼渊源、阅江楼揽胜、狮岭雄观、大明雄风、阅江情怀脉络，从阅江楼厚重历史文化底蕴及众多历史人文遗迹中撷取若干片断，勾画出一幅色彩绚丽的历史画卷，生动展示阅江楼的神韵风采和文化魅力，让人们感受历史的风雨，时代的变迁。

韩剑峰　刘之浩

2012 年 4 月

江山美景

# 一、阅江楼渊源

## 狮子山

赵　晖

狮子山位于南京城西北，濒临长江，海拔78.4米，占地14公顷，周长2公里。狮子山虽不能与巍峨之昆仑、秀丽之匡庐相比，但"山不在高，有仙则名"，它曾两度被帝王所冠名。据史书记载，狮子山（原名卢龙山）面临大江，从江北遥望此山，"吴樯远眺，看隔江螺髻离离"，也就是说山的形状犹如水上的青螺或美人的发髻，绿树成荫，峰林叠翠，当时人们俗称之为青螺山或北山。

公元317年，东晋元帝司马睿初渡长江到此，见山岭绵延，远接石头，乃江上之要塞，像长城边上今河北省的卢龙寨，故赐名卢龙山，从东晋、宋、齐、梁、陈、隋、唐、宋、元等朝代沿用了1000多年。

公元1360年朱元璋在卢龙山上指挥伏兵8万，打败了陈友谅40万军队，为大明王朝建都南京奠定了基础。朱元璋称帝后，为纪念这次决定性胜利，

于公元 1373 年 9 月，又一次驾临卢龙山，下诏要在山顶建造一座阅江楼，并亲自撰写了《阅江楼记》，其中有"一山突兀，凌烟霞而侵汉表，远观近视，实体狻猊之状，故赐名曰狮子山"（狻猊即狮子）。公元 1374 年起，狮子山之名沿用至今。

　　狮子山和龙盘（钟山）、虎踞（清凉山）成鼎足之势，是古金陵的天然屏障。狮子山是金陵城的西北门户，东有溪水注平陆，西控大江，地势险要，自古以来为兵家必争之地。1963 年，南京市文物保管委员会曾在狮子山北隅明代南京城墙内，发现一段全部以六朝砖垒砌的古城墙，个别修补过的地方还发现镌有"靖安塘湾水军"和"池司前军"的宋砖，证明六

楹联

金陵明史碑廊

朝和宋代曾在狮子山屯驻重兵。1853年3月，太平军为了迅速攻下江宁府（今南京市），避开狮子山的正面攻击，从 挖地道至仪凤南面城下，用炸药将城墙炸一豁口，使大军冲进城内，占领了江宁府，并把江宁定为太平天国都城，改称天京。据史书记载，从1874年起，清政府还在狮子山筑起永久性江防工事，建了炮房、弹库，安置了大炮，遗址至今尚存。

　　早在明代，狮子山就是南京地区主要的风景游乐区之一。历史上作为传统游览胜地的钟山、玄武湖，由于建了皇陵、黄册库而成为禁地，致使"游趾不得一错期间，但有延颈送目而已。"当时只有城西南诸山，树木参天，百草丛生，寺观错落有致，是主要的公共游览区。狮子山作为重要的自然

风景游乐区，直到明末清初仍是著名的旅游胜地。从这里，能眺望大江风光，俯瞰全城景色。山上林木葱郁，苍翠欲滴，还有卢龙观、徐将军庙、东道院、翠微亭、玩咸亭以及山下的天妃宫、静海寺等人文景观。明代伟大航海家郑和及药物学家李时珍在狮子山坡种植和培育从海外引进的海棠及娑罗、沉香、龙脑香等名贵药材后，使狮子山更加秀丽，迎人可餐；令众多文人雅士如王守仁、金大车、汤显祖、吴敬梓、陈文述、龚自珍等一往情深，留下了不少脍炙人口的诗章。因而，清乾隆年间在金陵四十八景图卷中，狮子山之景被誉为"狮岭雄观"。随着雄伟壮观的阅江楼的建成，使狮子山更加绚丽多姿，成为南京旅游胜景的一颗璀璨明珠。

狮岭雄观阅江楼

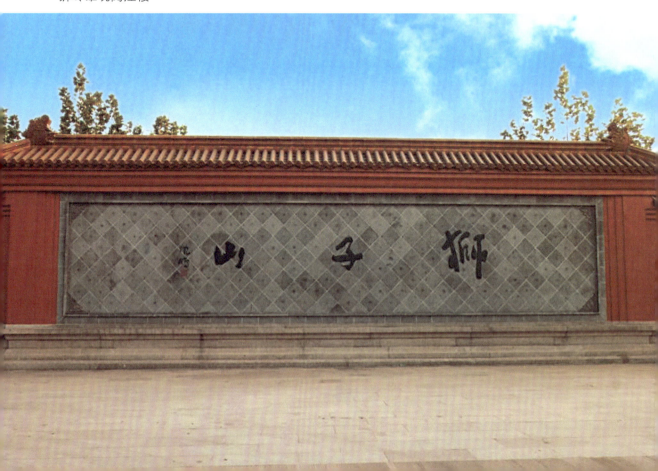

# 朱元璋与狮子山

王 岭

狮子山原名卢龙山，明太祖朱元璋为纪念曾在此山打败陈友谅，为建立大明王朝奠定基础这一决定性胜利，将卢龙山赐名曰狮子山。因此，朱元璋与狮子山有不解之缘。

朱元璋是富有传奇色彩的人物，安徽凤阳人，祖籍江苏句容。当年，他祖父为了逃避沉重的劳役之苦，全家迁居泗州（今泗洪县境内，后被洪泽湖淹没），后再度迁居安徽凤阳。朱元璋出生在凤阳县，少年时是个放牛娃，父母双亡。17岁时在老家皇觉寺当和尚，25岁参加郭子兴领导的农民起义军红巾军，并娶郭子兴义女马氏为妻。朱元璋27岁时郭子兴便病故，他成为军中统帅，28岁（1356年3月）他率部打过长江攻占南京。

元朝末年，天下大乱，群雄逐鹿，割据称王。1360年，南方红巾军领袖徐寿辉被其帐下元帅陈友谅锤杀，陈自封为汉王。陈友谅领兵40万驻守采石，并从太平（今安徽省当涂县）顺江而下，进攻金陵（今南京）。当时朱元璋的军队只有8万人马，双方力量悬殊很大。朱元璋担心这场战斗失败，而众将领有的想投降，有的想逃跑，有的想守城待援。在这关键时刻军师刘基为朱元璋面授了退敌之计，使朱元璋愁云顿消，树立了必胜信心。按照计策，朱元璋利用帐前指挥康茂才与陈友谅的故交关系，由康茂才写信给陈友谅，谎称金陵城内兵少将寡，答应攻城时作为内应。朱元璋知道陈友谅会中计，一面令邓愈率兵3万，准备劫取陈友谅老营，断其归路；一面令李文忠率兵2万，准备拘扣陈兵所有船只。朱元璋亲自在卢龙山督战，部署好一切，静待敌军。陈友谅率领主力部队急匆匆赶到江东桥，

水天相映的阅江楼

不见康茂才接应，才知上当，又急忙率部将士仓皇登船，直奔龙江（今下关），向卢龙山溃逃。这时朱元璋指挥埋伏在卢龙山的各路兵马，势如破竹，冲向陈军。顷刻间，陈军溃不成军，淹死10万多，被俘虏5万多，缴获军械无数，陈友谅率残部落荒逃往九江。

龙江战役

元至正二十年（1360）闰五月，陈友谅率四十万大军攻打应天（今南京）。刘基献计诈降，朱元璋卢龙山坐镇，水陆夹击，以八万兵合击陈军，斩溺二万，俘获七千，大获全胜。

龙江战役

朱元璋经过这一以少胜多的著名战役后，确立了"群雄之首"的地位，1364年当上了吴王（历史上称西吴），1368年君临天下，国号"大明"，年号"洪武"，建立了全国统一的封建政权。

## 朱元璋与阅江楼

李 清

公元1374年，明太祖朱元璋下诏在狮子山顶建造阅江楼，并亲自撰写了《阅江楼记》。后又写了《又阅江楼记》，叙述了停建阅江楼的原因。六百多年过去了，直到2001年9月阅江楼才建成对外开放，从此结束了"有记无楼"的历史。

朱元璋选择在狮子山上建造阅江楼的目的在其《阅江楼记》中表述得十分清楚。

其一，"谋以安民，威震四方"。从明朝定都应天（南京）以后，经过几年的建设，应天（南京）已成为"会万国"的中心，"万邦之贡，皆下

水而趋朝"。如果在狮子山上建造一座高耸入云的楼阁,人们从很远的地方就能看到它,这不仅使京城更加雄伟壮观,而且威震四方。

其二,"察奸料敌,无所不至"。朱元璋曾在狮子山以8万人马打败陈友谅40万大军,以少胜多,大获全胜。因此,朱元璋认为,狮子山是能够察奸料敌的军事重地。

狮子山正面

其三，"金陵故迹，一目盈怀"。朱元璋登上狮子山，情不自禁地说："若天霁登峰，使神驰四极，无所不览，金陵故迹，一目盈怀，无有掩者"。也就是登上阅江楼极目远望，金陵故迹一览无余。

朱元璋在《又阅江楼记》中解释了停建阅江楼的理由：一是"上天垂象，责朕以不急"。"上天"不同意兴建阅江楼，而要他去抓大事。"拨乱反正，新造之国，为民父母，协和万邦，使愚夫愚妇无有谤者"。二是"试会诸职事妄为《阅江楼记》，以试其人"。朱元璋想通过众文臣撰写《阅江楼记》，发现人才，结果令他失望，所以"乃罢其工"，停建阅江楼。三是"非有益而不兴"。朱元璋认为应该牢牢记住殷纣王兴建琼楼玉宇，使全国百姓怨声载道；汉文帝曾想建承露台，但又舍不得花掉百金，故而停建的历史殷鉴，虽然现在大明朝国防力量较强，"道布天下"，人民比较效顺，但对于可建可不建的阅江楼还是不建为好。

朱元璋梦寐以求在狮子山建造一座高耸入云的阅江楼，因迫于当时生产力低，经济力量弱，加上连年战争，还是忍痛停建这座楼，留下了历史的遗憾。

## 智战龙江

华　庆

龙江之战发生在元至正二十年（1360年）夏闰五月，陈友谅自太平（今安徽省当涂县）顺江而下，进攻应天（今南京市）。消息传来，应天府里人心惶惶，战派、退派各执己见，相持不下。应天府的将领们，有的想投降，有的想逃跑，有的想守城待援。朱元璋也担心这场战斗失败。因为，陈友

谅号称40万大军，而朱元璋可用作抵抗的队伍仅8万多人，双方力量悬殊甚大。在诸将领们议论时，唯军师刘基则"张目不言"，朱元璋看出刘基一定有了退兵之计，就急忙拉他入内室密谈。刘基先讲了战斗的有利条件，树立必胜的信心，尔后讲了退敌之计。朱元璋听了十分高兴，胸中的愁云顿时消散。他当机立断，依照了刘基的计策，部署了战斗。

一天傍晚，陈友谅在军营里接见了一个自称从应天府来的老人，他认得此人是康茂才的管家。康茂才现为应天府秦淮翼水军元帅，驻守龙湾，

朱元璋铜像

是陈友谅少年时的朋友，昔日交往甚密，这位老管家又曾侍奉过他。熟人相见，分外亲切。陈友谅问道："老管家，你到这里来有什么事？"老人并不回答，只是左顾右盼。陈友谅看出他有机密事要讲，就屏退左右。老管家这才说道："小人受康将军差遣，特来送信。"边说边取出康茂才的亲笔信。康茂才在信中提出自己为内应，约定于六月二十三日子夜，两军会合地点在应天府江东桥，联络暗号为"老康"。陈友谅看信后美滋滋地说："康将军为我做内应，真乃天助也！"又问老管家："康将军驻守何处？"老管家从容

回答："现守江东桥。"又问"是石桥，还是木桥？"回答："是木桥。"

原来，康茂才派老管家送信给陈友谅，暗约里应外合取应天府，正是刘基所设的计策。

应天乃长江"火炉"之一。夏日的夜晚，异常闷热。陈军一路赶来，将士们戎装早已被汗水浸透，又困又饥又渴，急于与康茂才会合，尽快取下应天早休息。

陈友谅率主力部队急匆匆地赶到江东桥，发现木桥已换成石桥，心里疑惑，急喊："老康！老康！"，但毫无联络暗号回音，才知中计。正在进退两难之际，朱元璋埋伏的大军，群起攻击。杨璟由大胜港围来，切断陈

雄伟壮观的阅江楼

军退路；徐达从南门外杀来，进攻陈友谅的主力部队。被伏兵打得晕头转向的陈军，且战且退，朝龙江（今下关）方向转移。在漆黑的雨夜，已分不清哪是路哪是塘，士兵们落入湖塘中，淹死无数。到了龙江，陈友谅又遭到惨重失败。原来，朱元璋亲自督战在卢龙山（今狮子山）上，他命令埋伏在石灰山的常遇春带着队伍冲杀过来，和徐达两军前后夹击，使陈友谅无法反击，只得夺路逃跑到江边。陈友谅在几员将领掩护下，抢到一只木船，趁乱逃走。天明时，朱元璋的部队清查战场，陈军被斩首、淹死10多万，被俘获5万多，缴获军械无数。

龙江之战，使江南强兵陈友谅势穷力蹙，而朱元璋的应天府根据地则进一步巩固和发展，在群雄之中成为军事实力最强的集团，为明王朝的建立奠定了坚实基础。元至正二十四年（1364年），朱元璋在部下的拥护下当了吴王，元至正二十八年（1368年），在南征北战的胜利凯歌声中，朱元璋登上了皇帝宝座，国号"大明"，年号"洪武"。

## 阅江楼记

### 明·朱元璋

朕闻三皇五帝下及唐宋，皆华夏之君，建都中土。《诗》云："邦畿千里"，然甸服五百里外，要荒不治，何小小哉。古诗云："圣人居中国而治四夷"，又何大哉。询于儒者，考乎其书，非要荒之不治，十分茅胙土，诸侯以主之，天王以纲维之。然秦汉以下不同于古者何？盖诸侯之国以拒周，始有却列土分茅之胙，擅称三十六郡，可见后人变古人之制如是也。若以此观之，岂独如是而已乎？且如帝尧之居平阳，人杰地灵，尧大哉圣人，考终之后，

朱元璋的《阅江楼记》

舜都蒲坂，禹迁安邑。自禹之后，凡新兴之君，各因事而制宜，察形势以居之，故有伊洛陕右之京，虽所在之不同，亦不出乎中原，乃时君生长之乡，事成于彼，就而都焉，故所以美称中原者为此也。殊不知四方之形势，有齐中原者，有过中原者，何乃不京而不都？盖天地生人而未至，亦气运循环而未周故耳。近自有元失驭，华夷弗宁，英雄者兴亡叠叠，终未一定，民命伤而日少，田园荒废而日多。观其时势，孰不寒心？朕居扰攘之间，遂入行伍，为人调用者三年。俄而匹马单戈，日行百里，有兵三千，效顺于我。于是乎帅而南征，来栖江左，抚民安业，秣马厉兵，以观时变，又有年矣。凡首乱及正统者，咸无所成，朕方乃经营于金陵，登高临下，俯仰盘桓，议择为都。民心既定，发兵四征。不五年间，偃兵息民，中原一统，夷狄半宁。是命外守四夷，内固城隍，新垒具兴，低昂依山而傍水，环绕半百余里，军民居焉。非古之金陵，亦非六朝之建业，然居是方，而名安得而异乎？不过洪造之鼎新耳，实不异也。然宫城去大城西北将二十里，抵江干曰龙湾。有山蜿蜒如龙，联络如接翅飞鸿，号曰卢龙，趋江而饮水，末伏于平沙。一峰突兀，凌烟霞而侵汉表，远观近视，实体猃狁之状，故赐名曰狮子山。既名之后，城因山之北半，壮矣哉。若天霁登峰，使神驰四极，无所不览，金陵故迹，一目盈怀，无有掩者。俄而复顾其东，玄湖钟阜，倒影澄苍，岩谷云生而霭水，市烟薄雾而蓊郁，人声上彻乎九天。登斯之山，东南有此之景。俯视其下，则华夷舸舰泊者樯林，上下者如织梭之谜江。远浦沙汀，乐蓑翁之独钓。平望淮山，千岩万壑，群嵝如万骑驰奔青天之外。极目之际，虽一叶帆舟，不能有蔽。江郊草木，四时之景，无不缤纷，以其地势中和之故也。备观其景，岂不有御也欤？朕思京师军民辐辏，城无暇地，朕之所行，精兵铁骑，动止万千，巡城视险，隘道妨民，必得有所屯聚，方为公私利便。今以斯山言之，空其首而荒其地，诚可惜哉。况斯山也，有警则登之，察奸料敌，无所不至。昔伪汉友谅者来寇，朕以黄旌居山之左，赤帜居山之右，谓吾伏兵曰：赤帜摇而敌攻，黄旌动而伏起。当是时，吾精兵三万人于石灰山之阳，至斯而举旌帜，军如我约，一鼓而前驱，斩溺二万，俘获七千。观此之山，岂泛然哉！乃于洪武七年甲寅

一口水井

一口水井

洪武年间，朱元璋以猛治国，严肃吏治，传说他曾给文武百官算过一笔账：老老实实地当官，守着自己的俸禄过日子，就好像守着一口"井"，"井水虽不满，但可以天天汲取，用之不竭。

春，命工因山为台，构楼以覆山首，名曰阅江楼。此楼之兴，岂欲玩燕赵之窈窕，吴越之美人，飞舞盘旋，酣歌夜饮？实在便筹谋以安民，壮京师以镇遐迩，故造斯楼。今楼成矣，碧瓦朱楹，檐牙摩空而入雾，朱帘风飞而霞卷，彤扉开而彩盈。正值天宇澄霁，忽闻雷声隐隐，亟倚雕栏而俯视，则有飞鸟雨云翅幕于下。斯楼之高，岂不壮哉！噫，朕生淮右，立业江左，何固执于父母之邦。以古人都中原，会万国，尝云道里适均，以今观之，非也。大概偏北而不居中，每劳民而不息，亦由人生于彼，气之使然也。朕本寒微，当天地循环之初气，创基于此。且西南有疆七千余里，东北亦然，西北五千之上，东南亦如之，北际沙漠，与南相符，岂不道里之均？万邦之贡，皆下水而趋朝，公私不乏，利益大矣。故述文以记之。

阅江楼碑亭

# 朱元璋《阅江楼记》今译

张兆锟

　　自三皇五帝到唐宋的皇帝们，都是华夏（古代中国名）的君主，建都于中原一带。《诗经·周颂篇》曾说过"邦畿千里"这句话，意思是国家京畿所在地应有千里地的范围。但如果只治理京畿五百的邦土，而大片主要国土不去治理，那么，治理的地区太小了，气魄也太小了吧。古诗说："圣人居于国之中央，而治服四方蛮夷。"那么，治理的地区多么大呀，气概又是多么大呀！我曾咨询一些读书人，并考证了他们所写的书，原来他们并不是不去治理大片土地，而是把国土分给诸侯们做领地了，让他们去主宰那些领地，国君则用法纪来维持其统治地位罢了。然而秦汉以后又和古代有何不同呢？因为诸侯们割据了国土后便与周朝分庭抗礼起来。于是秦始皇开始不分封土地了，把国土分为三十六郡，由中央集权管理。由此可知，后人是这样改变前人的制度的。照这样看法，情况仅仅是这样吗？且有帝尧在平阳建都，那儿人杰地灵，国泰民安。尧真是位伟大的圣人。他去世后，他的继承人舜在蒲坂建都，舜的继承人大禹则把国都迁到安邑。自禹以后，凡是新起的君主，都根据自身的情况，便宜行事，主要是观察地理形势而建都，所以才会有伊州洛水一带、陕西以东那些都城的建立。虽然他们的都城所在地区不同，但都不出乎中原地区的范围。因为当时的君主在创业成功之后，就在他们生长的地方建立都城，所以给中原以美称，其因在此。谁不知道四方国土形势，有的和中原不相上下，有的却超过了中原，但又为什么不在那儿建立都城或京城呢？因为那些地方还没有出生像君主那样的人物，老天还没有把他们降临到那儿，也可能是王气还未循

环到那些地方，才会有这种现象的出现。近来，自从元朝失去统治能力，汉蒙之间相处不和，英雄们为驱除鞑虏，前仆后继，像这类壮举是层出不穷的，但局势始终未能安定下来。老百姓因伤亡过重而人口日见其少，田园因荒芜而日见其多。综观这种形势，谁不寒心？我身处混乱的斗争局势之中，便参加了军队，被人家调配使用达三年之久。后来不久，我便单枪匹马投入战斗，日行千里，招领了三千人马。他们都顺服于我，效命于我。于是我就率领他们向南方征讨，最后在长江以南安顿下来。我一方面绥抚老百姓，让他们安居乐业，另一方面休养生息，人肥马壮，严格练兵，养精蓄锐，以观察时势变化。这样，又过了几年。看到不管是为首作乱的人也好，正统派的人物也好，都没有一个取得成功的，我才在金陵苦心经营了一番。登上高山，下临大地，仰望青天，俯察山川，流连盘桓，经最后议定，选择了金陵为都城。老百姓思想现已安定，就发动军队四出远征。不到五年，战乱平定，人民安息，把中原统一了，把夷狄大多平息下来了。于是我下了命令：保卫国土，以御四方夷狄；巩固城隍，以安国内。把新堡垒都兴建起来，低处傍水，高处依山，围起了50多里土地，让军民居住。我所讲的金陵，不是指古代的金陵，也不是指六朝的建业，但是居住在这里，地名怎么一定要不同呢？所不同的是大业有了彻底革新而已，地方还是老地方，实际上并无不同之处。不过由皇宫到城的西北将近有20里的路程，就可到达江边。这处江边叫做龙湾。那儿有座山蜿蜒曲折得像龙一样，山峦起伏，如飞鸿的翅膀连接起来一样，叫做卢龙山。这条龙好像是向江边游去饮水，然后卧伏在平坦的沙滩上。这山有一峰突起，高耸入云，不管是从远方或近处去看，这山形象只狮子，所以赐名为狮子山。名称定了以

后，城墙之北依山而立，多么壮观啊！如果在晴朗的天气，登临山峰，向四方极目远眺，金陵的故迹尽收眼底，没有一处能被遮盖掉的。再向东看，只见钟阜倒影于玄武湖中，清晰而挺拔。岩谷间云霭缭绕，市廛上薄雾蒙蒙，人声嘈杂，响彻云霄。只有登上这座山，才能看到在东南有此景物。再向下俯视，则中外船舰停泊在那儿桅樯林立，行驶起来，满江如织布的梭子一样来来往往。在远岸的沙滩上，有穿蓑戴笠的老渔翁独自垂钓，其

乐融融。向淮山方向平视，则见千岩万壑，群峰如万马奔驰于青天之外。极目所到之处，虽是一叶帆船，也没有任何东西能遮蔽着它。江郊的花草树木，一年四季的景色，无不缤彩纷呈，之所以能看到这些，都是因为地势非常适中的缘故。通览了这大好景色，哪能不做些防御工作保卫国土呢？我想京城里军人和老百姓人多拥挤，城里没有什么空旷之地了。我所做的是让精兵铁骑，雷厉风行，巡逻城垣，视察险地。道路过于狭隘就会妨碍

风景如画的阅江楼

人民交通，必须疏通。物资必须有屯聚之所，这才对公对私都有好处。现在就此山而言，让山顶空荒，实在太可惜了。何况是有了警报才会登山去察看敌情，山下就没有一处是能逃过眼底的。以前伪汉时的陈友谅来侵犯，我把黄色旌旗放在山左，把红色小旗放在山右。我对伏兵们说，红色小旗一摇动就表示敌人进攻，黄旗摇动表示伏兵出击。那时我把精兵三万人埋伏在石灰山的南面。敌人进攻了，我举黄旗，伏军照我的命令，一鼓作气，勇往直前，斩杀和淹死了两万敌人，俘获七千人。别看这座山，它是非同一般的！于是在洪武七年甲寅春季，命民工以这座山为台，造楼于山顶，取名阅江楼。建造这座楼难道是为了玩玩燕赵的窈窕女子和吴越美人，让他们飞舞盘旋，欢歌夜饮吗？不是的。实际上是为了便于筹划布置军事以安民心，壮大京师以慑服远近敌人才建造这座楼的。现在楼是建成了，碧绿的瓦，红色的柱，飞檐凌空而插入云霄，朱帘被风吹起而卷入霞光，打开红彤彤的窗扉则满眼是流光溢彩。此时正值天朗气清，忽闻雷声隐隐，很快凭着雕栏而俯视，则看到群鸟密如云雨，展翅而飞，铺天盖地如幕布展于山下。这座楼如此之高，多么壮观啊！唉，我生在淮北，而创业于长江之南，又何必要强调那父母生我之地呢？古时人建都中原，万邦来朝，曾认为那是地势适中，但以今日的观点来看，并非如此。大概他们所说的中原都是偏北，并不居中。每每不停地劳民伤财，也是由于他们生长在那片土地上，是气运造成的。我本来出身就寒微，当天地的气运循环刚开始时，我就在这里创业了。况且西南有疆土七千多里，东北也是这样，西北有五千多里国土，东南也一样。北临沙漠，南方为蛮夷之地，也差不多。若以四方距离来说，这儿的位置岂不适中吗？万邦进贡时，都是顺流而下，

前来朝拜。于公于私，都无匮乏，好处却大了。所以我写这篇文章来记这件大事。

## 阅江楼记

明·宋濂

金陵为帝王之州。自六朝迄于南唐，类皆偏据一方，无以应山川之王气。逮我皇帝，定鼎于兹，始足以当之。由是声教所暨，罔间朔、南，存神穆清，与天同体；虽一豫一游，亦可为天下后世法。京城之西北，有狮子山，自卢龙蜿蜒而来；长江如虹贯，蟠绕其下。上以其地雄胜，诏建楼于巅，与民同游观之乐，遂赐嘉名为"阅江"云。

宋濂的《阅江楼记》

登览之顷，万象森列，千载之秘，一旦轩露；岂非天造地设，以俟夫一统之君，而开千万世之伟观者欤？当风日清美，法驾幸临，升其崇椒，凭栏遥瞩，必悠然而动遐思。见江汉之朝宗，诸侯之述职，城池之高深，关阨之严固，必曰："此朕栉风沐雨，战胜攻取之所致也。"中夏之广，益思有以保之。见波涛之浩荡，风帆之上下，番舶接迹而来庭，蛮琛联肩而入贡，必曰："此朕德绥威服，覃及内外之所及也。"四陲之远，益思有以柔之。见两岸之间，四郊之上，耕人有炙肤皲足之烦，农女有捋桑行馌之勤，必曰："此朕拔诸水火，而登于衽席者也。"万方之民，益思有以安之。触类而思，不一而足。臣知斯楼之建，皇上所以发舒精神，因物兴感，无不寓其致治之思，奚止阅夫长江而已哉！彼临春、结绮，非不华矣；齐云、落星，非不高矣；不过乐管弦之淫响，藏燕、赵之艳姬，不旋踵间而感慨系之，臣不知其为何说也。

虽然，长江发源岷山，委蛇七千余里而入海，白涌碧翻；六朝之时，往往倚之为天堑。今则南北一家，视为安流，无所事乎战争矣。然则果谁之力欤？逢掖之士，有登斯楼而阅斯江者，当思圣德如天，荡荡难名，与神禹疏凿之功，同一罔极；忠君报上之心，其有不油然而兴耶！

臣不敏，奉旨撰记。欲上推宵旰，图治之功者，勒诸贞珉。他若流连光景之辞，皆略而不陈，惧亵也。


## 宋濂《阅江楼记》今译

### 采石子

金陵是帝王住的地方。从六朝起直到南唐，大都偏踞于一方，不能相

应山川之中的王气。只是到了我朝皇帝在这里建都，才能和这王气相当。于是在这样风气、教化所能到达的地方，不分南北，心神所注，十分和穆与清高，像天体一样。这是一件乐事，也是一种游散，可以做天下后世的榜样。在京城的西北部，有座狮子山，从卢龙那里弯弯曲曲地到这里；长江像彩虹一样，环绕在山脚下。皇帝因为这个地方形势雄伟，下诏书在山顶上建楼，以便与百姓共同享受游览观光的乐趣。皇帝还为其赐了一个叫"阅江"的名字。

登上山顶游览，气象万千，森然而列，千年来的秘密，在这里马上就显示出来了。这不是大自然专门为统一的皇帝创造的、千载万世雄伟的景

夕阳下的静谧

观么！当风和日丽的时候，皇帝坐上轿子，亲自来到这个地方，走到山顶之上，凭靠着栏杆，远远望去，心中一定会默默地有这样的想法：看到江汉之水流入东海，好像诸侯去向皇帝述职一样。高深的城池、严实的关隘也一定会说：这是风在给我梳理头发，雨水为我洗澡。我们国家地方广大，更加想到要保卫它。看见浩浩荡荡的波涛，顺风的船只上上下下，各地船舶接踵而来，外国的使节带着宝贝来朝贡，皇帝一定会说：这是我用德性与威严影响到这些地方的。我国四处边陲十分遥远，一定要用怀柔的政策。当皇帝看见两岸之间、田野上面或在烈日之下或站在寒冷的水田里耕作的农民，看见农妇采桑、送饭这样勤劳，一定会说：这是我使他们脱离了水深火热之苦，安置在被子与席子上面生活的。各处的百姓，十分希望过上安居乐业的日子。由此触类旁通，而不必一一举例。作为臣子，我知道，这座楼的建筑，是皇上用以抒发自己的感情，无非是以此来寄托天下太平的意思，而不仅仅只是为了观赏长江的。

那临春楼和结绮楼，不能不算十分华丽了；那齐云楼与落星楼，不能不算很高大了。不过，这些楼只是供管吹弦弹淫荡之乐，里面是燕国、赵国的妖艳歌姬，没过多久，便消失了。这是使人十分感慨的，我真不知道他们有什么值得再谈起的。虽然说，长江发源于岷山（按：这是古代之说），弯弯曲曲地流经七千里而归入大海。长江白浪汹涌，碧波翻腾，六朝时，以它作为天堑。现在南北已统一为一家，长江被看作是一条安全的水道，而不像过去战时那样了。这是谁的力量实现的呢？那些穿着儒服的名士，有的登这座楼而观览长江，他们会想到：皇帝的恩德像天一样大，与大禹开通江河的功劳一样，是没有穷尽的。那些要报答皇帝

的耿耿忠心，怎么能够不自然而然地兴发呢！我作为臣子，愚笨的很，奉皇帝的旨意，来写这篇文章，只想推崇皇帝日夜操劳的功绩，刻在美丽的石碑上，至于那些有关流连景物的话，都一概省去不说了，怕亵渎了这阅江楼。

# 又阅江楼记（并序）

明·朱元璋

朕闻昔圣君之作，必询于贤而后兴。噫，圣人之心幽哉。朕尝存之于心，虽万千之学，独不能仿。今年欲役囚者建阅江楼于狮子山，自谋将兴，朝无入谏者。抵期而上天垂象，责朕以不急。即日惶惧，乃罢其工。试令诸职事妄为《阅江楼记》，以试其人。及至以记来献，节奏虽有不同，大意比比皆然，终无超者。朕特假为臣言而自尊，不觉述而满章，故序云。

洪武七年二月二十一日，皇帝坐东黄阁，询臣某曰：京城西北龙湾狮子山，扼险而拒势，朕欲作楼以壮之，雄伏遐迩，名曰阅江楼。虽楼未造，尔先为之记。臣某谨拜手稽首而曰：臣闻古人之君天下，作宫室以居之，深高城隍以防之，此王公设险之当为，非有益而兴。土皆三尺，茅茨不剪，诚可信也。今皇上神谋妙算，人固弗及，乃有狮子山扼险拒势之诏，将欲命工。臣请较之而后举。且金陵之形势，岂不为华夷之魁？何以见之？昔孙吴居此而有南土，虽奸操、忠亮，卒不能擅取者，一由长江之天堑，次由权德以沾民。当是时，宇内三分，劲敌岂小小哉？犹不能侵江左，岂假阅江楼之拒势乎？今也皇上声教远被遐荒，守在四夷，道布天下，民情效顺，险已固矣，又何假阅江楼之高扼险而拒势者欤？夫宫室之广，台榭之兴，

不急之务，土木之工，圣君之所不为。皇上拨乱反正，新造之国，为民父母，协和万邦，使愚夫愚妇无有谤者，实臣之愿也。臣虽违命，文不记楼，安得不拜手稽首，以歌陛下纳忠款而敛兴造，息元元于市乡。乃为歌曰：天运循环，百物祯颁。真人立命，四海咸安。臣歌圣德，齿豁鬓斑。亿万斯年，君寿南山。

## 朱元璋《又阅江楼记并序》今译

张兆锟

我听说古时的圣贤君主治理国家，必须要向贤人多多请教而后国家才能兴旺起来。唉，圣人思想是多么深邃啊！我曾把这件事一直存放在心里，虽然学习了千万次，还是仿效得不好。

今年想命囚人在狮子山上建立一座阅江楼，自从开始一直到快要施工，朝廷里没有一人前来进谏。快动工时，上天忽然显灵，责令我不要急于动工。当日我诚惶诚恐，不敢违拗上苍之命，就把工停下来了。我做了一番尝试，要有关的诸大臣们，根据自己想象中的阅江楼，写出记事文，来探试一下他们的想法，考验一下他们的为人。他们把"记"写好，呈献上来以后，我看见他们所写的内容，方式方法，轻重缓急虽各有不同，但大意都是雷同，没有什么突出的、不同的见解。我就假借某个臣子的话来抬高我自己，不知不觉地写成了满满一篇文章，所以我就把上面所写的当做序言吧。

洪武七年二月二十一日（1374年4月3日），皇帝坐在东黄阁里，询问一位臣子："京城西北角龙湾有座狮子山，地势险要，可以御敌，我想在上面建一座楼，以壮声势，威震遐迩，镇服四方，起名叫阅江楼。楼虽

未造好，你就先写篇"记"行吗？"这位臣子就恭恭敬敬地作揖磕头说："臣听说古代君主治理天下时，建造宫室为居处，加高加固城隍以防敌。王公们认为为了安全，这都是应该做的事，如果不利、无益就不干。如果那地方本身已够安全了，即使是只有三尺的泥土的台阶，乱草丛生，不加芟剪，还是一个十分可靠的地方。现在皇上神机妙算，不是一般人所能抵得上的，所以才下诏书，认为狮子山能扼险要、拒强敌，就要下令开工。臣下请皇上权衡利弊，三思而行。金陵的形势不论是在国内还是国外不都是首屈一指吗？何以见得呢？从前孙吴居此便据有南方大片土地，虽然奸如曹操忠如孔明都始终不能擅自取得这片土地，一方面是由于有长江天堑，再方面是由于孙权的隆恩厚德，使老百姓受惠不浅，他们都效忠于王室。那时候，国内是三分天下，强敌的力量真不小啊！他们还是不能侵入江南，难道他们是借阅江楼的力量拒敌于国门之外吗？如今皇上声名教化已达到遥远地方，边陲四夷都被制服，皇恩浩荡，遍及天下，人民都心甘情愿地效命皇上，这可以说险要之处已经巩固了，又何必凭借阅江楼之高耸，扼住险要地区而抗拒强敌呢？至于把宫室盖得既宽又广、富丽堂皇，把亭台阁榭大兴土木，这都不是当务之急，像这样地大兴土木之工，圣贤君主是不干的。皇上现在已经拨乱反正了，在新建的国家里，为民做主，与万邦和平相处，协调关系，广大的老百姓都无怨言，这些都是臣下的心愿。臣下虽然违背了皇上的命令，写了文章，却不记楼，实在罪该万死，怎能不作揖磕头，歌颂皇上善纳谏言而停止造楼，让广大老百姓得休以养生息呢？我就这样歌唱："天运循环，百物祯祥。真人立命，四海皆安。臣颂圣德，直到齿落鬓斑。恭祝皇上，寿比南山，万寿无疆。"

# 二、阅江览胜

## 明代风格　皇家气派

林　俊

阅江楼屹立于南京下关长江边的狮子山巅，是新世纪南京奉献给国内外游客的新景点，也是凸现南京城建旅游的新亮点。

阅江楼高52米，总建筑面积4000余平方米，外观4层，暗3层，共7层。阅江楼由东南大学建筑系著名教授杜顺宝先生主持设计；阅江楼的建设单位是狮子山公园筹备处，下关旅游局自始至终参与了阅江楼工程的组织、建设；阅江楼主体建筑由浙江绍兴园林有限公司承建；阅江楼桩基工程由浙江中天集团承建；阅江楼的彩画、亮化工程分别由北京市第二房屋修建工程公司和华东电子集团负责施工。

阅江楼整座楼平面成"L"型，主翼朝北，次翼面西，形成独特的犄角造型，两翼均可观赏长江的风光。阅江楼地面一层设平座与永定柱，三层为重檐，两翼各以歇山顶依次递降。屋顶犬牙交错，高低起伏，形成跌

宕多变的优美轮廓线。室内中间设大楼梯，并在两翼设电梯。各层均有平座向四边出跳，便于游人观赏外景。屋面采用黄色琉璃瓦，以绿色琉璃瓦剪边。廊柱、门窗呈土红色。整座楼立于花岗岩须弥平台之上，充分显示

阅江楼夜景

俯领吴楚王者之风

了皇家气派。周边依托自然山势，由下而上设三层平台，铺筑花岗岩台阶，连接三层平台。在阅江楼外还建造了照壁、牌坊、亭阁、山门、长廊、碑亭等形成组景，与主楼构成景点轮廓线，使阅江楼更加雄伟、壮观。

阅江楼采用钢筋混凝土结构。梁、柱、斗拱、橡、屋基层等构件全部为钢筋混凝土现浇结构，有大小斗拱800余只。门窗全部采用木结构，按明代宫廷建筑风格制作，做工精细。楼层为双层木地板，檐廊及地下一层用磨砖铺贴。地面、回廊及平台栏板均采用花岗岩。顶楼蟠龙藻井用整根香樟木雕刻而成，龙身直径2米，用24K金箔包裹而成，显得金碧辉煌，具有皇家气派。檩梁、斗拱彩画纹饰按皇家园林建筑要求和明代彩绘图样绘制。斗拱青绿叠晕，月梁微紫锦纹，色彩典雅绚丽。体现了朱元璋在《阅

江楼记》中形容的："碧瓦朱楹，檐牙摩空而入雾，朱帘风飞而霞卷，彤扉开而彩盈"。也就是碧绿的瓦片，红色的廊柱，飞挑檐子凌空插入了云霄，红帘被风吹起而卷入霞光之中，打开红彤彤的窗扉，满眼都是流光溢彩，这是一种何等绚丽、壮观的景象。

## 明文化的瑰宝

郭　珊

仿照大明皇帝朱元璋在《阅江楼记》中描绘的意境和构思建造的阅江楼，不仅具有高超的明代建筑风格和艺术，展示了皇家气派，而且兼备深厚的文化内涵，突出了明文化主题，是南京这部明文化巨著中的重要篇章，

江楼雪景

"得水载舟"匾

是明文化的瑰宝。

　　阅江楼内部陈设的布局，围绕明文化这一主题，分"统一、开放、发展"三条主线，分别以实物、图片、文字等形式展示了630年前提出建楼创意的明太祖朱元璋和明成祖朱棣两代帝王的政治主张和社会活动等史料、史迹。

　　一楼（即底层）主要陈列"一椅"、"一壁"、"两匾"和明代16位皇帝造像。"朱元璋龙椅"，虽然是仿制品，但它是上等优质红木制成，重量超过千斤。龙椅背上雕刻着九条龙，刻工精细，形象生动，在国内独一无二。龙椅背后是一面金字大靠壁，上面镂刻着朱元璋亲自撰写的《阅江楼记》。"治隆唐宋"匾，这是清朝康熙皇帝南下金陵时，在耳闻目睹南京城

蟠龙藻井

的盛况后，对明太祖朱元璋和明成祖朱棣的赞叹之词。他认为明洪武和永乐年间对国家的治理和建设胜过了我国的盛唐时期和宋代；"得水载舟"匾，这是明代统治者的座右铭。原句出于唐太宗李世民的"水能载舟，亦能覆舟"。唐太宗把水比作老百姓，意思是统治者治理国家时，要顺民心、应民意，不然就得不到政权，即使得到了政权也会被推翻。东面墙陈列着明代 17 朝 16 位皇帝的画像，这是根据有关历史资料和故宫的画像资料由名画家绘制而成的，其容貌与皇帝本人很相似。

三楼主要陈列"一船"、"一画"。"宝船模型"，这是郑和下西洋时所乘之宝船。明成祖朱棣采取了"对外开放"政策，取消了"海禁"，派遣郑和七下西洋，扩大了对海外的贸易往来和文化交流，宣传了明朝的"怀

"四大名楼"双面绣

　　柔"政策，使明朝的国威大振。"巨型瓷画"，这是当今国内最大的景德镇瓷画，反映了1405年到1433年间郑和七下西洋的这段历史。这幅瓷画将历史上的事实与神话故事、妈祖文化等巧妙地融合在一起，细细研读，百看不厌。

　　六楼主要陈列"四大名楼"双面绣、百狮台。"四大名楼"双面绣是目前我国特大型的苏绣，由15名绣工花了半年多的时间，用了1.5公斤丝线绣成的。画面上的岳阳楼、黄鹤楼、滕王阁、阅江楼显得绚丽夺目、流光溢彩，堪称为苏绣中之极品，欣赏价值很高。"百狮台"，是镇楼之宝，

龙椅

用最好的红木制成，包括 12 张椅子，共雕刻 106 只大小狮子，形态各异，栩栩如生。加上景区内其他石狮，共有近千只狮子，形成"千狮闹狮岭"的热闹场面。

## 五项"全国之最"

百狮台

华　倩

　　阅江楼以"有记无楼"六百余年的历史、明代"帝王之楼"的气派而闻名中外，也以"五项全国之最"而独具创意。

　　从阅江楼景区东门入园，首先映入游客眼帘的是一对雄姿勃发的石狮，这是目前国内最大的石刻雄狮，高4.8米，重约30吨，是用苏州金山石整块雕刻而成。这对石狮不同凡响，是明太祖时期的狮子，因为一般一对狮子为一公一母，公狮脚下踩一只绣球，母狮脚下有一只小狮子。而这两只狮子是按照盱眙县明祖陵的守门狮子刻制的，两只都是雄狮，姿态独特，气势雄浑，犹如皇家警卫，颇具皇家气概。

　　沿山路拾级而上，在阅江楼前的大平地上有座碑廊，在碑廊内有一个

阅江楼鼎

41

国内最大的汉白玉碑刻，非常醒目。碑石正面刻着朱元璋《阅江楼记》，背面刻的是宋濂《阅江楼记》。这块汉白玉高 3.1 米，宽 4.8 米，重 15 吨，是从北京房山开采出来的。

阅江楼浮雕

　　阅江楼南面的大平台上，可见重 4 吨，用青铜铸造的阅江楼鼎，是全国最大的仿西周司母戊鼎。在封建社会，鼎是国家政权的象征，皇帝每年祭告社稷，要拜在鼎的面前。西周时期的鼎是 4 条腿，成语"三足鼎立"的鼎是其晚辈。朱元璋"起兵濠上，先存捧日之心"、"定鼎江南，遂成擎天之柱"对联悬挂在鼎前的门柱上，表达了朱元璋当年起兵凤阳时就立下壮志，要统一中国，定鼎建都南京。鼎上刻着篆体字"狮梦觉兮髭张，子孙骄以炎黄，山为挺其脊梁，阅万古之长江，江赴海而浩荡，楼排云而慨慷，鼎永铸兹堂堂"。这七句话每句第一个字连起来，就是"狮子山阅江楼鼎"，其内容是中国韵文学会会长、南师大钟振振教授所撰。

　　阅江楼的三楼悬挂着一幅《郑和下西洋》瓷画，这幅瓷画高 12.8 米、宽 8 米，是国内最大的景德镇瓷画。其内容反映了从 1405 年到 1433 年郑和七次下西洋的历史，画面有 12 个部分组成，详细描述了航海家郑和按照永乐皇帝的旨意，建造宝船，到阿拉伯朝觐圣地，到西洋各国宣传中华文明和开展商品贸易的盛况，以及永乐皇帝敕建狮子山旁的静海寺、天妃宫以祭奠保佑航海平安的海神天妃娘娘的情景。

　　阅江楼正南上山步道的半路休息平台上，有一幅"狮岭雄观"浮雕，这幅浮雕高 2 米、宽 8 米，是国内最大的青铜浮雕像，由雕塑大师吴为山创作。雕画中明太祖朱元璋正率领文武大臣巡检江防要塞，一只睡狮静卧脚下（象征狮子山），滔滔江水正从龙嘴中喷涌而出，奔流东去。整幅作品天然浑厚，栩栩如生，富有个性，再现当年朱元璋阅江的壮阔场景。

# "郑和下西洋"巨型瓷画

杨德之

"郑和下西洋"巨型瓷画陈列在阅江楼三楼，它以栩栩如生的彩瓷人物画形式，反映了明代郑和七下西洋的历史。

明太祖朱元璋于1368年在南京称帝后，因多年战乱，民众流亡，城镇空虚，土地荒芜，经济困难，民不聊生。为此，朱元璋采取了削减财政开支、减轻工商税赋等安民、养民政策，以发展经济；对外采取了"厚往薄来"的"朝贡贸易"与海外交流。但为预防民众与海上倭寇勾结造反，采取了严厉的"海禁"措施，"寸板不许下海"，"有犯者论如律"，以巩固海防。经过30年的治理，到永乐年间，在经济和国防上都强盛了。

明成祖朱棣采取了"开放"政策，取消了"海禁"，扩大了对海外的贸易往来和文化交流，宣传明王朝的"怀柔"政策，使明王朝的国威大振。为扩大与海外各国的友好往来，明成祖朱棣不仅派遣郑和七下西洋，而且大力发展造船业，为开放服务。据记载，当时南京下关地区就是一座庞大造船厂。龙江船厂北到建宁路，南到热河南路中间，东到护城河，西到惠民河岸，厂的范围有3平方公里左右。而位于秦淮河以西为郑和出使西洋打造船只的宝船厂的规模更大，仅"船坞"就有七个。"大宝船"最大的长138米，宽56米，航行时有9橹12帆，可载重7000吨。这在600年前，称得上是世界上船只之最了。

"郑和下西洋"瓷画由"建造宝船"、"龙江始发"、"驾风驭帆"、"云驰星疾"、"荡舻九州"、"朝觐天子"、"宣传文明"、"贸易互利"、"惊涛巨浪"、"宣诏赏赐"等12个部分组成。郑和第一次下西洋是1405年6月

"郑和下西洋"瓷画

到 1407 年 2 月；第二次是 1407 年冬到 1409 年夏；第三次是 1409 年 12 月
到 1411 年 6 月；第四次是 1414 年 11 月到 1415 年春；第五次是 1417 年
5 月到 1419 年夏；第六次是 1421 年到 1422 年；第七次是 1431 年 1 月到
1433 年春。先后到过亚、非等 30 多个国家和地区，开展宣传，友好访问，
调解纠纷，布施供物，宣传文明等。郑和七下西洋的伟大壮举，论时间比
哥伦布 1492 年首航美洲要早 87 年，比麦哲伦 1519 年环球航行早 114 年。
论规模，哥伦布第一次航行新大陆只有 87 人，麦哲伦环球航行只有 234 人，
而郑和下西洋有大小船只 200 余艘，各类人员 27000 人，这是中华民族对
世界航海事业的杰出贡献。

宝船

郑和从 34 岁起就献身于航海事业，献身于"怀柔"外交，献身于"对外开放"，直到 62 岁死于航海途中，也就是第七次下西洋时于返国途中在印度谢世。郑和这种敬业精神、献身精神永远是后辈学习的榜样。梁启超先生在《祖国大航海家郑和传》一书中赞曰："乃观郑君则全世界历史上所号称航海伟人，能与并肩者，何其寡也"。中山先生在所著《建国方略》中，赞扬郑和下西洋"为中国超前轶后之奇举"。

## "江南第一楼"

宁　轩

在阅江楼正南上山步道上耸立着一座高大的牌坊，它是由花岗岩整料砌成，牌坊上书写"江南第一楼"五个大字，这是著名书法家尉天池的墨宝。阅江楼之所以称为"江南第一楼"，是因楼的体量、高度、气势均为江南四大名楼黄鹤楼、滕王阁、岳阳楼、阅江楼之最。另外，由长江下游往上行，也属第一座名楼。

江南三大名楼都是以传世之诗而名扬天下，宋代范仲淹《岳阳楼记》抒发了"先天下之忧而忧，后天下之乐而乐"的胸怀；唐代王勃《滕王阁序》以"落霞与孤鹜齐飞，秋水共长天一色"倾吐了对历史和人生的思考；唐代崔颢的"黄鹤一去不复返，白云千载空悠悠"名句堪称唐诗中的上乘之作。而阅江楼虽有朱元璋、宋濂两篇《阅江楼记》流传于世，但阅江楼却因种种原因始终未建成，成为文化史上罕见的"有记无楼"、"有诗无楼"、"有画无楼"现象。封建帝王"立项"而未完成的"空中楼阁"，六百年后的今天终于变成现实。朱元璋、宋濂设想的阅江楼所特有的山、水、城、

楼美景及数代文人雅士的梦想终于得以实现。因此，新建的阅江楼与其他三大名楼相比不同凡响，有其独特之处。

阅江楼是一个仿古建筑，无论从总体设计还是局部精雕细刻都堪称经典之作，建筑专家认为阅江楼是近几年来我国仿古建筑中做得最好的一处。阅江楼平面设计为"L"型，主翼朝北，两翼面西，两翼均可观赏到长江风光，形成独特的"犄角"造型，而其他三大名楼都是单体建筑，其观景的视野没有阅江楼开阔、舒畅。

阅江楼是依据大明开国皇帝朱元璋《阅江楼记》中的构思和描绘设计

江南第一楼牌坊

建设的,具有皇家气派,以黄色为主基调色彩,契合明太祖诏建的"帝王之楼"身份,显示出其规格远远超过其他三大名楼。据统计,阅江楼投资总额超过其他三大名楼的总和,仅阅江楼楼顶所贴金箔,就用了黄金11公斤。

　　阅江楼建造在海拔78米高的狮子山巅,再加上主楼高52米。而岳阳楼高20多米,滕王阁高30多米,都是建在平地之上;黄鹤楼高50多米,建在海拔20多米高的蛇山上。由此可见,阅江楼与其他三大名楼相比,当仁不让地成为江南名楼中最高的一座楼,雄踞在扬子江畔,屹立于狮子山巅,成为南京标志性建筑。登楼望远,心旷神怡,大江风光一览无余,金陵美景尽收眼底。

## 玩咸亭

### 晓　彦

　　坐落在狮子山东南半山腰有一"玩咸亭",始建于明代嘉靖丙申(公元1536年),亭边原有一个泉水潭,因"山上有泽",在《易经》中属于"咸卦",故名"玩咸亭"。

　　明代方克于嘉靖(1538年)五月写了《玩咸亭记略》:金陵之静海寺,其东乃狮子山。其山既夷,有陵突起,维石岩岩。其上有泽,中虚而明。克每爱其泉石之雅。嘉靖丙申,监督抽分爰与分司张子钟谋除其泽之东,倚山面泽,重构小亭,与泽西之旧亭相伍。亭成,僧以名请予,曰:山上有泽,其卦为"咸"。兹亭名欲称其实,其玩"咸"矣乎?若夫,泉之甘,足以悦口;石之奇,点足以娱目;修竹茂林,之足以尔休尔游。钟山如龙之蟠其东,澄江如练之绕其西,皆斯亭之可玩者。抑末矣。

　　这篇《记略》的大概意思是：南京静海寺的东面就是狮子山，那里既有平坦的山地，又有起伏的丘陵，岩石突起。山上还有个小池子，池水清澈晶莹，我很爱这里的泉石之美。嘉靖丙申（公元1536年），拟在小池的东面依山面水再造一个亭子，与池西边的旧亭子相配成一对。因"山上有泽"，在《易经》中是属于"咸"卦的，所以就取名为"玩咸亭"。这里泉水甜美，很可口；山石奇倔，赏心悦目；茂密的树木和修长的竹子，足以让你在这里游赏休息。站在亭子里可以看到这样的景色：远处钟山像龙那样盘踞在东边，长江像条白带环绕在西边。

玩咸亭

# 狮子山上的古城墙

顾　蔷

狮子山和龙蟠（钟山）、虎踞（清凉山）成鼎足之势，是古金陵的天然屏障，狮子山是金陵城的西北门户，东有溪水注平陆，西控大江，地势险要，自古以来为兵家必争之地。

据史书记载，公元 212 年三国时的东吴孙权从京口（今镇江）迁都到秣陵改称为建业，意思是要在这里建立帝王之大业并在金陵邑故地上改建、修筑了南京历史上著名的石头城。以石头城为中心，沿江设烽火台，遇有

古城墙

军情，燃起烽燧，作为紧急通讯的工具。地处江边的卢龙山（今狮子山）距石头城仅五里，地势险峻，是石头城西北面的门户，军事桥头堡，津戎要地，地位十分重要。又据记载，1963 年南京市文物保管委员会在狮子山东北隅，明代南京城墙内，曾发现了一段古城墙，全部以六朝砖砌而成。个别修补的地方，还发现印有"靖安塘湾水军"和"池司前军"的宋砖。"池司前军"是南宋绍兴初（公元 1131 年）的建制。而靖安、塘湾原是南宋驻在下关境内的两支水军，嘉定十四年（公元 1221 年）十一月，并唐湾、靖安两水军为一军。在《至正金陵新志》中还记载了："靖安塘湾水军寨在古龙茅草冈的驻地"，古龙，即卢龙山。从东吴孙权在卢龙山筑江防军事城堡起，经过六朝、隋、唐、宋、元修补到明初已 1000 多年。从元至正二十年（1360 年）秋八月，至洪武十九年（公元 1386 年）冬十二月，历时 21 年之久。南京城有四重，最里面是宫城，周长 9 公里；宫城外围是皇城；皇城外有京城，周围 33.676 公里，垛口 13616 个，开城门 13 座，为世界第一大城。它利用山脉、水系的走向筑城，使山、水、城融为一体，形成了举世罕见的城市景观；最外层的是廓城，周围 60 公里，是中国历史上最大的城池，比当时号称世界第一大城的巴黎城墙还长八里多。狮子山的明城墙属京城。在筑城时将卢龙山上的古城堡及虎口城进行修筑，纳入明城墙之内，保留下来。从兴中门（即仪凤门，1969 年拆除）环抱狮子山至钟阜门（原称小东门），长 1230.2 米，高 12 米，宽 5—6 米，系城砖砌成，至今保存完好。

# 狮子山上的防务炮台

仲跻荣　曹　燕

狮子山由于地处南京城西北，长江自西南方向流经此地后折向东流，因此清末在山巅设立炮台，以扼守长江。从清末至南京解放，狮子山炮台曾两易旗帜，在辛亥革命推翻封建制度及建立社会主义制度的新中国两次大变革中，都留下了深深的印记。

清同治十二年（1873 年），日本政府经过 8 年的明治维新，经济发展迅速，侵略中国的野心十分强烈。日本政府借口以前曾有琉球船只到台湾避风时，被高山族劫杀数十人为由，向清政府交涉，受到严正指责。次年，在英美法等国的援助下，日本出兵 3000 人进攻台湾，意图在台湾盘踞。当时由于李鸿章的屈服，被迫与日本政府签订了《北京专约》，并赔偿 50 万两白银。此时两江总督李宗羲及前任两江总督沈葆桢，为防倭入侵，加强长江防务，先后从吴淞口至南京下关沿江各险要之处建筑炮台。炮台一律仿照西式，有明炮台、暗炮台之分。明炮台露顶，暗炮台形如堡垒。下关狮子山上设暗炮台 6 座，置炮 6 门；明炮台 2 座，置炮 2 门，建有炮房，配备守兵 500 余人。

1911 年武昌起义爆发，全国各地纷纷响应，江苏于 11 月 5 日在省会苏州宣布独立，以和平方式转向革命一边。南京作为两江总督府所在地，当时仍在清政府控制之下，并驻扎 2 万清军，是东南一带的严重威胁。为此，江浙及上海的起义联军向南京进军，兵分四路向沿江炮台及雨花台、太平门等地进攻。11 月 18 日联军与驻守在狮子山的清军交锋，并在宝塔桥击溃辫帅张勋部。12 月 2 日，驻守狮子山的清军求降，江浙联军进入仪凤门，

狮子山上升起了革命军旗帜。孙中山于1912年元旦在南京组成中华民国临时政府，并就任临时大总统。

1949年4月21日，中国人民解放军在江阴至九江的800公里战线上发起横渡长江的战役，"百万雄师过大江"。4月23日，南京宣告解放。当时狮子山炮台台长胡念恭是中共地下党员，他以炮弹库存时间过长，受潮不能用为理由，拒绝开炮。因而解放军未遭炮火阻击，就顺利从浦口成功渡江。4月24日，狮子山炮台飘起了八一军旗。

古炮台

# 五军地道

孙小军

狮子山山体内贯穿着四通八达、纵横交错的地道，总面积约 14000 多平方米，可容纳约 10000 多人，俗称"五军地道"。所谓"五军"，指清军、太平军、日军、国民党军、解放军，其意是山体内的地道分别是这五种军队修筑并使用过。

狮子山由于地处南京城西北，长江自西南方向流经此处后折向东流，是军事要塞、江防重地。清朝末年清政府在狮子山巅设置炮台，以扼守长江，并在狮子山山体内挖掘地道，作为藏兵、藏粮、藏武器之用。一旦遇有战事，便同山顶炮台合力，以御敌军。

1853 年 3 月洪秀全领导的太平天国起义军攻克南京，定都于此，改名天京。在太平天国定都南京（天京）的十年间，太平军对狮子山地道进行了整修，并加以扩大，以加强京都的防御，为保卫天朝政权发挥了一定作用。

1937 年 12 月 13 日，日军侵占南京，在震惊世界、惨绝人寰的南京大屠杀中，30 多万南京军民惨遭杀害。日军在中国、在南京的暴行，激起了中国人民的顽强反抗，日军为加强对南京的军事防御，在南京周围增设了许多军事设施，其中包括对狮子山地道的整修和扩建，因此地道的规模也随之逐步扩大。

1945 年 8 月 15 日日本宣布无条件投降，抗日战争胜利结束后，国民党政府为收拾残局，死保首都南京，国民党军队加强了南京周边战略要地的军事防御，对狮子山地道进行整修。1949 年 4 月 23 日中国人民解放军胜利渡过长江，占领南京，宣告国民党政府垮台。

新中国成立后，在六十年代，以美国为首的帝国主义一直对中国虎视眈眈，苏联从中国撤走了专家，社会主义与修正主义的分歧公开化，龟缩在台湾的蒋介石叫嚣反攻大陆，中国面临的形势十分危急。在这紧要关头，毛泽东主席提出了"深挖洞、广积粮、不称霸"的号召，为防御敌人军事进攻尤其是空中军事打击，东南沿海地区和大城市的许多机构、军事工厂、重要设施都纷纷迁至"大三线"、"小三线"，或转入地下防空洞。驻守南京的人民解放军对原有狮子山地道进行了修缮和扩建，并建立了防空指挥所，成为南京城北地区规模最大的防空洞。一旦遇到敌机空袭，一些重要机关和人民群众便可安全转入防空洞。

## 五色土·礌石

### 石 文

阅江楼景区园艺工人在狮子山山体西北侧意外发现这里的土壤颜色竟然有五种之多，按照红色、黄色、黑色、白色和紫色等层均匀分布，每层土呈带状，其中白色土壤明显夹杂小石块。经初步挖掘，这片五色土面积约 50 平方米。据土壤研究所专家断定，五色土应为天然土壤。

据说，五色土在封建社会被视为帝王一统天下的吉兆，而狮子山在 600 多年前曾经是朱元璋和陈友谅争夺天下激战的古战场，五色土现身此处，也许是巧合，也许另有故事，让人玩味。

狮子山发现五色土的消息不胫而走，许多媒体争相报道，不少喜爱古玩的人纷纷到狮子山想取一点五色土作为珍藏。阅江楼景区为使这种罕见的稀有五色土不受人为破坏，目前已采取措施，将五色土作为文物

加以保护。

阅江楼景区在抢险加固阅江楼西侧明城墙时，意外发现 8 枚古代守城时的武器——礌石。

在施工挖掘过程中，碰到十分坚硬的不明物体，开挖后发现是枚圆形石球，随后又在圆形石球周围发现了 7 枚类似的石球。这 7 枚斗大的石球呈一字环状排开，镶嵌在距地面 3 米的山体立面中，有的石球上半部还被黄土掩盖，而下部则由凌乱的碎石托起。石球直径约 35 厘米，重约百余斤，整个石球由青石雕琢而成，外表无孔，完好无缺。

据明城垣博物馆有关人士介绍，从石球的外观和重量来看，与清凉山发现的太平天国"礌石"极为相像，只是个头小了近三分之二。据史书记载，明朝的礌石受工艺、取材的限制，要比太平天国时期的小。另外通过发掘现场一段外露的城墙，可以看到这段古城砖堆砌得并不规则。专家指出，越是明末或清初时重建的城墙，堆砌得越是有规则。而从如此凌乱的堆砌方式上可以简单判定，这段城墙是当时明太祖朱元璋在明初战争时期，慌忙砌起来的。考古人员在碎城墙砖上还发现，只有在明代初期才有的铭文。从上述两个不同角度分析，可以初步判定，狮子山发现的礌石属于明代文物。

# 李时珍采药处

唐守林

李时珍（1518–1593)，蕲州人。生于医生世家，用 27 年时间，数易其稿，于万历六年(1578) 撰成《本草纲目》，在南京首次出版。总计 190 余万字，

分 16 部、62 类、52 卷。收入药物 1892 种，药方 110096 个，插图 1110 幅。在世界药物学发展史上占有重要地位。

当时"南京是五方杂居，人文荟萃之地"（钱远铭《李时珍研究》），加上龙盘虎踞之胜，自然是药物家李时珍必定造访之地。据史料记载，在明代时期南京有许多山岳基本上处于半原始半开发状态，钟山、栖霞山、牛首山、狮子山等树木葱郁，花草繁茂，正是采药、考察的大好去处。

南京从 1368 年到 1421 年是明朝的京都，郑和七下西洋中的前 5 次都要到京都复命；郑和第 6 次下西洋回国后，曾在南京任守备达 6 年之久，随他一道航海的"兵、工、船夫们都安置在南京一带"（钟毅《李时珍与 < 本草纲目 >》）；为了嘉奖郑和航海功绩在狮子山旁敕建了静海寺，郑和晚年就住在静海寺。因此，郑和从海外带回来的不少种子，就种在狮子山上和静海寺、天妃宫内。李时珍"访问过南京狮子山下的静海寺。……里面还保存着郑和种的一些外国花木。"（钟毅《李时珍与 < 本草纲目 >》）。李时珍为了修改补充他的《本草纲目》，特地住到静海寺，在寺中和狮子山上察看郑和遗留下来的西洋植物，并在《本草纲目》中增设了"夷果"、"香药"两个篇章，分别搜集了海外的药材名 30 多种，其中包括三七、芦荟、胡椒、荜拨、乳香、没药、白豆蔻等等。修改完毕后，《本草纲目》在南京印刷发行。

据传李时珍在狮子山上不仅采过药，而且还种过药，因此李时珍采药处就成为一个留传后世、具有一定社会价值的历史遗迹了。

# 三、狮岭雄观

## 狮岭雄观

### 赵子杰

狮岭雄观，是指狮子山和山上的卢龙观。狮岭即狮子山，雄观即卢龙观。从清初高岑的《金陵四十景图》到后来的《金陵四十八景图》，都将狮子山与卢龙观作为金陵优秀名胜景点入画，誉为"狮岭雄观"传世。狮岭雄观盛极200多年，闻名遐迩。

高岑，字蔚生，江宁府上元县人。狮子山、清凉山均在上元县境内。高岑是清初以山水画见长的金陵八家之一，对家乡的山水胜迹怀有深厚的感情，在他的作品上常署名"石头高岑"。他平时注意收集南京的历史资料，遍游南京全城的风景名胜，并精心绘制了《金陵四十景图》，为后人留下了艺术珍品。"狮岭雄观"，具体而生动地描绘了狮子山的险峻和卢龙观的宏伟，蔚为壮观。

卢龙观，以卢龙山而得名。卢龙山之名是晋元帝司马睿御赐的。而明

朝开国皇帝朱元璋（1328-1398年）则因其山"远观近视，实体狻猊之状，故赐名曰狮子山"，沿用至今。卢龙观建于明初，后来卢龙山易名狮子山，但"观仍旧名"。明景泰年间(1450-1456年)重修卢龙观，正德（1506-1521年）时，兵部尚书何鉴（字世光，浙江新昌人）曾撰有《卢龙观碑》文。

清咸丰年间，卢龙观毁于兵燹。道光四年（1824年）《上元县志》载，

七孔桥

卢龙观内藏有"宋濂有自书《阅江楼记》，至今藏观中"，"卢龙观中又有卢龙晴雨二图，皆明人画，末载张真人世代题咏诗"。可惜，这些极为珍贵文物已散失，也可能被私人收藏。

## 卢龙胜境

欣　阅

游人从阅江楼景区东门入口处，可见一座雄伟、华丽，尽显明代建筑风格的大牌坊，牌坊上"卢龙胜境"四个大字赫然跃入眼中。这四个字是大书法家武中奇所写，此时武老已经96岁高龄，其字依然力透纸背，刚劲、浑厚。追溯"卢龙"之名源于公元317年，东晋开国皇帝晋元帝司马睿定

卢龙胜境牌坊

都南京（当时称建康），他看见建康城北有座山，地势险要，乃江上之关塞，以比北地卢龙，也就是好像今河北省长城线上的卢龙寨。因此，晋元帝就命名此山为"卢龙山"。公元1373年大明开国皇帝朱元璋为纪念在卢龙山打败劲敌陈友谅之胜利，依据此山形状如狮子，故赐名为"狮子山"。

明代吕楠《游卢龙山记略》中曾这样描述卢龙山胜境："登其巅磨盘平，即阅江楼旧址也。纵目四望，方山、青龙东峙，牛首、花岩南拱，其西定山，逶迤绵亘，黄岩裹江而东，直抵瓜步，皆可见也"。"内则钟山崒崔，建极而起，万松森蔚。视陵攸栖，而长江群峰，四面旋绕，真天造地设乎！""下见巨艘络绎，指北趋，足可观一统之盛。"意思是说，登上卢龙山顶，放眼四望，方山、青龙山耸立东方，牛首山、花岩山环立南天，西边定山逶迤连绵，黄岩山沿江东伸，直抵瓜步，一览无余。挺拔中央的钟山，山势峻峭，松木繁茂，太祖的孝陵悠然坐落其间，长江群峰四面拥绕，真是天设地造一般。俯瞰江面，大船不绝，络绎北上，足见一统江山之盛况。此情此景足以展示卢龙山之胜境，在清代就被誉为金陵四十八景之一。

## 游卢龙山记略

### 明·吕 楠

嘉靖壬辰九月六日，叶大暨、黄日思、杨叔用、周宗道、倪维熙过鹫峰东所。曰："泾野子，久僻居于此，今登高节至，盍为卢龙游乎？"予方小疾，辞诸友且易期，曰：至十四五秉月尤佳也。已而连雨，至十三日乃霁，遂于明日至山，宴于东道院老子堂。酒半，蹑石磴上山，路险峻甚，乃以二仆搀扶而升，至翠微已三憩，乃至其巅磨盘平，即阅江楼旧址也。

纵目四望、方山、青龙东峙，牛首、花岩南拱，其西定山，逶迤绵亘，黄岩裹江而东，直抵瓜步，皆可见也。内则钟山崒嵂，建极而起，万松森蔚。祖陵攸栖，而长江群峰，四面旋绕，真天造地设乎！下见巨艘络绎，指北而趋，足可观一统之盛。初，皇祖欲建阅江楼于此，惜其费财而止，乃叹臣下无一人来谏。夫此楼，若建费亦不多，乃皇祖犹有此言，若见后世无益之作，不知当何如也。时有数鸢飞鸣，旋绕空中，适当坐上，予遂有"日月双鸢度，乾坤一水流"之句。须臾，皓月东升，遂偕诸友秉月而归，如前约。

## 吕楠《游卢龙山记略》今译

### 訾 信

嘉靖壬辰（1532年）阴历九月初六，叶大暨、黄日思、杨叔用、周宗道、倪维熙路过我的住处鹫峰东所，对我说："泾野子，你在这个偏僻地方居住太久，重阳节即将到来，何不到卢龙山一游？"。我正染小疾，辞谢了各位美意，倒不如改个日子再去，便说："十四、五去如何，趁着月光游玩，才有佳趣呢。"之后阴雨数日，十三日天刚放晴，次日便动身上山。到了东道院老子堂，设宴招待了各位。酒过三巡，借着酒兴踩着石磴继续攀登，山路险峻异常，便由两个仆人挽着往上爬。登上翠微亭已歇了三次，跨上阅江楼旧址——磨盘平山顶，放眼四望，方山、青龙山耸立东方，牛首山、花岩山环立南天，西边定山逶迤连绵，黄岩山沿江东伸，直抵瓜步，一览无余。挺拔中央的钟山，山势峻峭，松木繁茂，太祖的孝陵悠然坐落其间，长江群峰四面拥绕，真是天设地造一般。俯瞰江面，大船不绝，络绎北上，

足可见一统江山之盛况。

当初明太祖打算在此兴建阅江楼，吝惜财力而作罢，后又以臣下无人劝谏而叹息。此楼果真营建，花费也不会太多，明太祖尚且说这种话，倘若看见后代人盖些没用的东西，不知还要怎样呢！

此时，有几只老鹰在天空飞旋鸣叫，正在我头顶上盘旋的当儿，我油然得了"日月双鸢度，乾坤一水流。"两句诗。

不久，明月东升，我才和各位朋友趁着月光归来，这正应了原先游览的盘算。

## 地藏寺

### 赵洪平

地藏寺坐落在狮子山北山坡，寺内有大雄宝殿、观音殿、地藏殿及若干僧人住宿的寮房，建筑面积近1000平方米。地藏寺大殿的建筑以明清古建筑风格为主体，屋面采用灰瓦、飞檐，檐下斗拱绘有彩图，柱子与门窗呈红色，地面是大青石砖。大雄宝殿左右分别被两棵老树拥抱，常有几十只喜鹊停栖在树上，甚为妙哉。整座寺庙在青山绿树之间，与山上的阅江楼交相辉映，协调一致，营造出整个风景区的人气和神韵。

佛经称地藏为"安忍不动犹如大地，静虑深犹如地藏"，就是说他如同大地一样，含藏着无数善根种子。地藏是观音、文殊、普贤之后列入四大菩萨之中的。地藏分别在安徽九华、浙江普陀、山西五台和四川峨眉四大名山设立道场，广行佛事，大传戒法。

观音是普度众生，是救人的；地藏是超度众鬼，是救鬼的，都是善心。

地藏寺

按照佛教说法，地藏受释迦牟尼嘱托，在释迦牟尼寂灭而未来佛弥勒下世前的这一段"无佛世界"里，承担教化六道众生的重任。释迦还任命他作幽冥教主，主管阴间事务。地藏膺此重任，即在佛前慷慨激昂，立下誓愿："地狱未空，誓不成佛"，就是说直到地狱撤空，再没有一个"罪鬼"受苦，自己才愿成佛。这仅是地藏王的宏愿，可惜六道轮回永无休止，地狱何时方能撤空？所以地藏菩萨也就永难成佛，只能作为中国佛教四大菩萨之一罢了。

据佛书记载，地藏菩萨脱胎为新罗国（今朝鲜半岛）王子，生于唐贞观四年（公元630年）农历七月十五日，姓金名乔觉，自幼出家。唐高宗永徽四年（公元653年），24岁的金乔觉航海到中国，入安徽池州府青杨县东大九华山，端坐山头，苦行修炼，并募化建寺，广收信徒，使这里成

为香火盛极一时的佛教圣地。唐玄宗开元十六年（公元 728 年）农历七月三十日夜，金乔觉在九华山修炼 75 载终于成道，时年 99 岁。他坐函中圆寂，三年后开缸安葬时，肉身不坏，面色如生，抬动时骨节俱动，像摇动金锁声。按佛教说法，其兜罗锦软，金锁骸鸣，即是菩萨应世。于是僧侣们将其全身入塔，这就是著称于世的地藏肉塔。肉身塔又称肉身殿，坐落在九华山神光岭上，是佛教徒朝谒九华山圣地的主要场所。

唐肃宗至德二年（公元 757 年）农历七月三十日，地藏菩萨显圣金陵（南京）清凉山，故此山曾称小九华。明代移址城外牧马所凉马群（今清凉山凤凰桥附近），寺改为地藏庵。1937 年 12 月，侵华日军占领南京，地藏庵遭劫，庵内尼姑被迫四处逃散，后庵房改为小学校。抗日战争胜利后，复建地藏庵于三汊河地区。1997 年，因旧城改造，地藏庵拆除，暂移狮子山营房，作为临时道场。1999 年 10 月，在狮子山复建，并更名为地藏寺。朝拜者破每逢农历七月十五日和七月三十日地藏菩萨生日与成道日旧制，更改为农历每月初一、十五及七月三十日进香朝拜，平时也有信徒前往进香。

## 静海寺

### 徐 放

静海寺位于狮子山西南麓，始建于明永乐九年（公元 1411 年），是明成祖朱棣为褒奖郑和下西洋的功绩而敕建，赐名"静海"，意为四海平静（祈求太平）。另据一些史籍记载：朱棣派郑和"浮海下西洋诸番国"，既是为了扩大海外交流，宣传大明朝的国威，也是为了寻找建文帝的踪迹。

　　古静海寺规模宏阔，占地约三十余亩，被誉为"金陵律寺"之冠。有山门、金刚殿、韦驮殿、钟鼓楼、天王殿、祖师殿、轮藏殿、潮音阁及僧房（宿舍）、香积厨（伙房）、斋堂（食堂）、职事堂（库房）等八十余间。主建筑大雄宝殿殿宇高耸，气势恢宏，"精舍制作之妙·····他崇刹不得与伦珍"。郑和晚年曾一度在该寺居住，下西洋带回的一些奇珍异物供养于寺内。如，水陆罗汉像、象牙、犀角、香料及西府海棠、詹萄花、五谷树、娑罗树等。明嘉靖四十三年（公元 1564 年），药学家李时珍住在静海寺考察郑和下西洋带回的药用植物，增补了《本草纲目》。

静海寺

清道光二十二年（公元 1842 年），英国侵略军把鸦片战争战火烧进了长江，在攻陷吴淞口和镇江城后，直逼江南重镇南京。8月10日，八十余艘舰船集结下关江面，英军从燕子矶登陆，扬言攻城，要挟清政府。道光皇帝命广州将军耆英、乍浦副都统伊里布为钦差大臣，会同两江总督牛鉴，与英军议和。谈判先在英军船上，时值盛夏，船上暑热难耐，于是改为陆上进行。清政府出于尊严不愿让英军进城，而当时下关没有像样的建筑，就选定在静海寺会谈、议约，后在停泊在长江江面的康华丽号军舰上正式签订了中国近代史上丧权辱国的第一个不平等条约《南京条约》。

静海寺历经战火，几修几毁。1937 年日军一把火，把静海寺烧得仅存僧舍 8 间。1987 年复建"静海寺旧址"，1990 年被辟为《南京条约》史料陈列馆。1996 年为迎接香港回归祖国，又扩建静海寺旧址，并铸造"警世钟"。1997 年 7 月 1 日零点，当钟声敲响，它永远警示国人：毋忘国耻，振兴中华！

## 静海寺与《南京条约》

田　践　仲跻荣

1997 年 6 月 30 日，静海寺《南京条约》史料陈列馆在一场透雨之后，洗净纤尘，以清新而庄重的姿态，分分秒秒地等待着 7 月 1 日零点的到来。在 155 下撞击钟声中，静海寺旧址经历了一场历史性的洗礼，洗却百年耻辱。人们和着洪亮的钟声欢呼香港回归，人们在悠长的钟声中，倾听历史的回响……

古静海寺建于明代永乐年间，是明成祖为褒奖郑和航海功勋而敕建。

静海寺后院景色

它北倚狮子山，东接天妃宫，面临护城河，占地 2 万多平方米；有弥勒殿、大雄宝殿、潮音阁等殿堂楼阁 80 多楹，规模宏大。古寺院内山石俊秀，井泉清澈，树茂花繁。每至春日蔽荫数亩，花开似锦。

郑和出使西洋，带回很多异域物品，有些就留在静海寺。明代俞彦在《静海寺重修疏序》中记有"至于阿罗汉像，……此使者得之西洋，藏之兹寺"之语。寺内殿墀中种植着郑和从海外带回的奇葩异卉、珍贵树木。郑和晚年一度在静海寺生活过。

郑和从海外带回来的奇珍异宝，对药圣李时珍编撰我国著名药典《本草纲目》起了很有意义的参考作用。李时珍（1518–1593 年）生活在明朝

中后期，晚于郑和活动年代一个半世纪。为了完成《本草纲目》，李时珍前后花费了 27 年工夫，出远门寻方采药，向老农、樵夫、渔夫和民医等请教，足迹遍至长江中下游的湖北、湖南、江西、安徽和江苏。1564 年，48 岁的李时珍来到南京，正赶上三皇会在药王庙举行。全国各地的药材商云集南京，展销自己的药材，很像现在的药材展销会。在三皇会期间，李时珍收获不小，特别令他高兴的是一些外国药材，如乳香、没药、血竭和白豆蔻之类，与国产的不尽相同。更使李时珍长见识的是，他在静海寺里见到许多西洋药材和药用植物。这些宝贵的材料，后来被吸收到《本草纲目》

静海寺钟楼

中去。

1842 年，第一次鸦片战争后期，英国侵略军把战火烧进了长江，在攻陷吴淞口和镇江城之后，直逼东南重镇南京。8 月 9 日，70 余艘舰船集结在下关江面上，陆军由燕子矶登陆，扬言攻城，以此要挟清政府谈判。在英军坚船利炮的威逼之下，道光皇帝极度恐慌，他命钦差大臣耆英、伊里布和两江总督牛鉴在南京与英军妥协谈判。

谈判开始在英军兵船上进行。时值 8 月，英国人嫌天气太热，坐在船上说话不舒服，有意找个凉快的地方。规模宏大的静海寺在南京城外一片江滩上很是显眼，英国人在船上就看到了这座寺庙，意欲前去。就这样他们下了船上了岸，走进了静海寺。由此，静海寺成了中国近代史上第一个不平等条约——中英《南京条约》的主要议约地。

在静海寺的会谈一共有 5 次，前 3 次都是较低等级的接触和商议，只有 8 月 24 日这一次，中方的主要代表耆英、伊里布、牛鉴，英方主要代表璞鼎查、马里逊都来到了静海寺，这一天《南京条约》基本议定。8 月 29 日，在下关江面的英军旗舰"康华丽"号上正式签署了条约，香港岛从此被迫割让给英国。

数百年间，静海寺历经战火，几修几毁。新中国成立后仅存偏殿数间，断垣残壁，破败不堪。一如它所承载的历史变迁——由昭示郑和航海伟业的辉煌，到蒙受清政府丧权辱国的耻辱。静海寺集荣辱于一身，个中可见中国历史之一斑。

1988 年年底，由东南大学古建筑专家潘谷西教授设计的一座仿明建筑，在原留存偏殿的旧址上落成。由于它并非静海寺原形的恢复，故定名为"静

海寺旧址"。1990年旧址被辟为《南京条约》史料陈列馆，当年8月29日——《南京条约》签约日，正式对外开放。

1996年6月30日，中国政府恢复对香港行使主权倒计时牌在陈列馆院内落成，陈列馆从此走出冷清，静海寺也被拭去浮尘，社会各界向这里投来了关注的目光。占地628平方米的陈列馆与《南京条约》在近代史上的重要地位极不相称，与香港回归这个隆重的历史庆典无法相适应。省、市、区政府决定共同投资扩建静海寺《南京条约》史料陈列馆。

扩建面积约2100平方米，仍由潘谷西教授主持设计。1996年12月10日动工，1997年5月底竣工。新建筑仿明园林风格，由西展厅、中展厅和东展厅3个部分组成，厅与厅之间以廊相连。三宿岩前掘一水池，水石相映更显灵秀。庭院不算大，但山水树木、楼台亭廊错落有致，相衬相谐。狮子山、古城墙作为巨大的背景，壮观雄浑。庭院内更有阅尽沧桑的天妃宫碑和古朴雄浑的警世钟，为静海寺《南京条约》史料陈列馆平添了历史的凝重感。

原来陈列馆只有一个展厅，面积不足100平方米。扩建之后展厅增加5个，面积增至800平方米。新展览以"百年沧桑，国耻毋忘"为主题，分"英军入侵"、"城下之盟"、"丧权辱国"、"香港回归"四个部分，向观众展示《南京条约》签订前后的史实及香港回归的历程。新展览不仅充实了史料，而且在表现手段和制作方法上都上了一个新的台阶。如巨幅油画"虎门销烟"、沙盘模型"静海寺原貌"、《中外旧约章汇编》条约墙、军舰模型"康华丽"号等都作为主展品出现在展览中，给人以深刻的印象。

静海寺的扩建和知名度的提高，使越来越多的人认识到，作为对青少

年进行爱国主义教育的场所，它所具有的特殊意义。1997 年 7 月 1 日前夕，静海寺《南京条约》史料陈列馆被中宣部命名为"全国百家爱国主义教育示范基地"。

# 三宿岩

王 引

三宿岩位于静海寺中，关于三宿岩历史上曾有两文记载：一文是明代陈文烛于万历年（公元 1591 年）写的《三宿岩记略》，其文为：南京下关去城四五里有静海寺，余场过之，住持请余游山亭。南京名园假山者众矣，而此山突怒偃塞，负土而出，奇怪万状，涣若奔云，错若置棋，怒者虎斗，企者鸟厉，如熊罴之士鼓勇而立，又如战马森列，渴而饮于溪边。昔人所谓扶其穴而鼻口相呀，搜其根而蹄股交峙者也，假令香山仙客平泉庄主人，海岳庵居士见之，有不欣于所遇而赏鉴者哉！余每过之，风月之夕，有登临忘倦，徙倚忘去者矣。山僧请余一言，且曰：此山在宋时系江岸，虞允文大破金人于采石，曾系舟三宿山岸，至今名三宿岩。而高皇帝起淮甸，命使大征西洋奏凯而归，建静寺，此其大概也，遂题于壁而记之。另一文是《儒林外史》作者清代著名作家吴敬梓的《三宿岩》诗，不仅记录了三宿岩的历史变迁，同时也把 200 多年前的三宿岩的环境描述得一清二楚。其诗为：嵯峨灵石阁，传云三宿岩。其上为青鸳，玲珑怪石嵌。昔日涌江涛，岩下落征帆。今日列僧庐，岩下长松杉。

三宿岩原为古代江畔一奇石，由于长江河床的变迁，使它与陆地相连。如今，三宿岩矗立于狮子山下的静海寺内，因为岩石酷似一座天然假山石，

人们称之为"真假山"。其周围十平方米，高约 10 米。怪石嶙峋，洞水深，是一座不假人工的天然假山群体，雄浑粗犷，藤萝竹树苍郁，论其观赏价值，名列金陵假山之冠。"三宿名岩"在清代被列为"金陵四十八景"之一。

关于三宿岩的来历，有关史料记载：静海寺中有危石，垒石可特起，岩穴相贯，虞允文曾三宿其下，上有宋人题名石刻，世相传为"三宿岩"。宋绍兴三十一年（公元 1161 年）八月，金帝完颜亮率领四十万大军南侵，企图一统中国。是年十一月，金兵侵犯到长江北岸，准备渡江。而抗击金兵的宋将王权弃军而逃，群龙无首，乱成一片。此时中书舍人、参谋军事虞允文奉命到芜湖犒赏三军。见此情景，他立即召集诸将，以忠义教育将士，在他的鼓动下，齐心协力，杀敌立功。在采石以仅有的一万八千余名将士，先后打败了金兵数次进攻，焚毁敌船三百余艘，完颜亮大败而去，虞允文也顺江而下，在建康龙湾（今下关）一个岩洞里系舟住了三天，故后人称此处为三宿岩，沿用至今。虞允文因建奇功，被宋孝宗拜为左丞相，封雍国公。他出入将相 20 余载，严格自律，孜孜忠勤，延揽四方贤士，为朝廷出力，高风亮节为后人所称道。

## 龙江天妃宫

### 江 南

郑和是我国明代伟大的航海家，他于公元 1405 年至 1433 年，先后七次下西洋，历时 28 载，航程 10 万里。郑和每次下西洋都祈求天妃保佑，在船上也尊有天妃神像，朝夕供奉。遇到海难、海盗时，必祈求天妃神助。永乐五年（公元 1407 年）郑和第一次下西洋顺利而归，为感谢天妃保佑海

上平安，明成祖朱棣赐建"龙江天妃宫"于狮子山麓（当时称天妃庙）。永乐七年（公元1409年），朱棣以神屡有护助大功，加封天妃为"护国庇民妙灵照应弘仁普济天妃"，同时正式将天妃庙赐额为"弘仁普济天妃之宫"，俗称"天妃宫"。永乐十四年（公元1416年）朱棣又为龙江天妃宫写下了《御制弘仁普济天妃宫之碑》一文。至此，后帝钦定龙江天妃宫已闻名天下。清康熙二十三年（公元1684年），清圣祖特封天妃为"护国庇民照灵显应仁慈天后"，"天妃"上升为"天后"，但龙江天妃宫仍用原名。

庄严宏丽的龙江天妃宫在战乱中屡遭毁坏。对古龙江天妃宫的规模在

南京天妃宫"平安钟"

南京天妃宫

史料中多有记载：明正德年间（公元1518年），黄谦《天妃宫重修碑记》：
"人之信慕，古今一致，是乎本宫之外，又有三清殿、玉皇阁，各随其力
之所及，极其庄严，金碧交映，焕然天设"。"天妃宫前后殿宇、房屋、廊庑、
碑亭楼共七十九间座，周围外墙垣，计一百八十一丈余"。明万历二十九
年（公元1601年），寅亮《金陵玄观志》："龙江天妃宫在都城外狮子山
西城地"，与"仪凤门相望"，"宫枕城，城半在山趾。当时（初建时）龙
江经其下，今为平陆。宫殿华峻，廊庑绘海中灵异，丹青满壁。玉皇阁高
可见江，朱楹翠栋，与远近帆樯映色。宫后有娑罗树，亭亭于云，翠影如
盖"。基址左至仪凤门，前至官街（今建宁路），右至静海寺，后至凤城。

清乾隆四十八年（公元1781年），至友亮《金陵杂咏·寺观类》、《天后宫》（亦称天妃宫）诗中，也描绘了龙江天妃宫："远舶邀奇佑，丰碑号特褒。红镫传绝屿，碧瓦俯奔涛。亭列婆罗古，门临绰楔高。纱帷搴翠凤，画壁犁金鳌。侍女纷珠节，神兵簇宝刀。渺茫非灵协，霜威百怪逃。鲛人虔奉约，飓敢逞豪。河海诚俱历，江湖惠亦叨。请看春季月，万里集性醪。清代诗人周月溪《赞天妃宫》中描绘："卢龙峰下起珠宫，金碧楼台气象雄。海上自归天使后，至今谁不仰神功"。清咸丰以后，龙江天妃宫屡遭毁坏，昔日宏丽荡然无存。从清咸丰三年至十一年（公元1853—1861年）的8年里，太平军与清军在南京的包围和反包围战争中，龙江天妃宫等一批寺庙均遭到严重毁坏，有的被化为废墟。清同治四年（公元1865年），妈祖信徒们募捐重建了天妃宫，用于祭祀天妃，祈求妈祖保佑平安。但这时的天妃宫建筑面积缩小了，建筑规模也小了。1937年冬，侵华日军进入南京城，龙江天妃宫再次全部毁于战火之中，仅存天妃宫碑。1996年为迎接香港回归祖国，在扩建静海寺旧址时，将天妃宫碑从7316厂宿舍区移至静海寺内。

## 重建南京天妃宫

### 宁建文

我国明代伟大的航海家郑和于公元1405年6月至1407年2月第一次下西洋，到过今天的越南、印度、锡兰和印尼的爪哇等岛国，开展友好访问和贸易往来。下西洋的船队在海上信风航行，经常会遇到狂风巨浪，随时都有船翻人亡的危险，加上长时间在海上航行，官兵们心理和精神上的压力也很大，因而祈求"神灵"保佑安全航行势在必行。为此，郑和祈求

过伊斯兰教的真主和佛教的菩萨，可主要还是祈求天妃的保佑。南京龙江天妃宫与郑和有着极为密切的关系。第一次出航时，龙江天妃宫尚未建成，郑和只好在龙江宝船厂内妈祖娘娘庙里祭拜后出洋（今印度西海岸的长利等物）。永乐五年（公元 1407 年）九月，南京龙江天妃宫建成时，正值郑和首次下西洋回到国内。

在纪念郑和下西洋 600 周年倒计时一周年时，于 2004 年 7 月 1 日由中央电视台、江苏广播电视台合作拍摄的大型纪录片《1405——郑和下西洋》开机仪式在阅江楼隆重举行。该纪录片打开 600 年的尘封往事，将这段世界文明史的壮举真实地展现给观众。由于阅江楼与郑和有着生生不息的关系，因此，在这特殊时间、特殊地方，举行开机仪式，更有特殊意义。

下关区政府在龙江天妃宫旧址重建南京天妃宫，由东南大学古建筑专家杜顺宝教授主持设计，采用明代宫廷建筑的形制和风格，由东西轴线建筑院落组成，两轴线为两进院落形式，主要有天妃宫大殿、玉皇阁（二期）及两侧配殿（厢房）。重建的南京天妃宫规划占地面积 17000 平方米，建筑面积约 5000 平方米，其中一期工程建筑面积 2688 平方米。重建的南京天妃宫一期于 2005 年 5 月竣工并对外开放，它将恢复明代龙江天妃宫的恢弘气势，成为吸引海内外各界人士祈求福祉之圣地。

重建的南京天妃宫是恢复龙江天妃宫历史原貌，展现郑和七下西洋的伟大壮举，展示中华民族强大国力、灿烂文化，以及对外开放的重要阵地。重建的南京天妃宫是挖掘历史文化资源，弘扬中华民族传统文化，促进海峡两岸文化交流，增强历史文化的认同感，实现祖国统一的重要载体。

# 天妃宫碑

宗　合

据史料记载，永乐五年（1407年），郑和第一次航海归来，明成祖朱棣为答谢海神妈祖护佑郑和航海，加封她为"护国庇民灵应弘仁普济天妃"，并敕建天妃宫。当天妃宫建成之后，妈祖显得更加灵验了，多次保佑郑和航海的安全。永乐十四年（1416年），郑和第四次下西洋归来后，奏请明成祖在天妃宫里敕立了"御制弘仁普济天妃宫之碑"。

天妃宫碑

这块碑高4.63米，加上龟趺（碑下龟形石座）高约6米，重27吨，由碑额、碑身、碑座三部分组成。最上面是碑额，雕刻着四条盘在一起很像龙的动物，非常精美。传说"一龙生九子，子子不像龙"，这是龙的第二子叫"螭"，由于它喜欢登高望远，因此就把它雕在云头上了。中部是碑身，上面镌刻着明成祖朱棣亲自撰写的碑文，共699字，字体遒劲秀美。整个碑文分为两个部分，前半部分是散文，后半部

分是诗歌，大意为颂扬明太祖朱元璋在位时的功德和天妃护航的圣德。最下面是碑座。驮碑的是龙的第一个儿子叫"赑屃"。相传是"龙生九子"中的长子，叫赑屃。由于它喜欢文字，又好负重。因此常被置于碑亭之内，负驮"功德碑"。因此它状如乌龟，所以俗称"驮碑龟"。传说赑屃力大无穷，既善于负重，又喜欢扬名，常常驮着三山五岳，在江河湖海里兴风作浪，以为这样人们便会知道它的威名。

## 《御制弘仁普济天妃宫之碑》碑文

明·朱棣

仰惟皇考太祖高皇帝肇域四海，幅员之广，际天所覆，极地所载，咸入版章，怀柔神人，幽明循职，各得其序。朕承鸿基，勉绍先志，罔敢惑怠，抚辑内外，悉俾生遂，夙夜竞惕，唯恐弗逮。恒遣使敷宣教化于海外诸番国，导以礼义，变其夷习，其初使者涉海洋，经浩渺，飓风黑雨，晦冥黯惨，雷电交加，洪涛巨浪，摧山倒岳，龙鱼变怪，诡形异状，纷杂出没，惊心骇目，莫不错愕。乃有神人飘飘云际，隐显挥霍，下上左右，乍有忽无，以妥以侑。旋有红光，如日煜煜流动，飞来舟中，凝辉腾耀，遍烛诸舟，熇熇有声。已而烟消霾霁，风浪贴息，海波澄镜，万里一碧，龙鱼遁藏，百怪潜匿，张帆荡舻，悠然顺适，倏忽千里，云驶星疾。咸曰：此天妃神显灵应，默加佑相，归日以闻。朕嘉乃绩，特加封号曰"护国庇民妙灵临应弘仁普济天妃"，建庙于都城之外，龙江之上，祀神报贶。自是以来，神益显休应，视前有加，凡使者及诸番国朝贡重译而来者，海舶往还，驾长风，驭飞帆，蓦数万里，若履平地，略无波浪忧险之虞，歌吟恬嬉，咸

80

获安济。或胶于浅，冒入险阻，则陵徙谷移，略无关阋，奇灵异效，莫可殚纪。今夫江湖之间，以环海视之，如池沼之多猛风急浪，尚有倾樯破楫之患，而况于临无涯不测之巨浸也哉！然则神之功于是为大矣。虽然，君国子民，其任在朕，而卫国庇民，必赖于神，阴阳表里，自然之道，沧溟渤澥，神之攸司。凡风霆、雨露、寒暑、燥湿，调变惟宜，易沴为祥，奠危为安，铲险为夷，皆神之能，其可无文以著其迹。爰书其事，建碑于宫，并系以诗曰：

湄州神人濯厥灵，朝游玄圃暮蓬瀛，

扶危济弱俾屯亨，呼之即应祷即聆。

上帝有命司沧溟，驱役百怪降魔精，

囊括风雨电雷霆，时其发泄执其衡。

洪涛巨浪贴不惊，凌空若履平地行，

雕题卉服皆天氓，梯航万国悉来庭。

神庇佑之功溥弘，阴翊默卫何昭明，

寝宫奕奕高以闳，报祀蠲洁腾苾馨。

神之来兮佩珑玲，驾飙车兮旖霓旌，

云为宬兮雾为屏，灵缤缤兮倏而升。

视下土兮福苍生，民安乐兮神攸宁，

海波不兴天下平，于千万世扬休声。

永乐十四年（1416）四月初六日

# 妈祖与天妃宫

巩 林

明永乐五年（公元 1407 年），郑和第一次出使西洋时传说因受到妈祖的庇佑而平安归来，明成祖朱棣特为妈祖在南京狮子山麓敕建"天妃宫"。公元 1416 年还御撰天妃宫碑文。此后，在六朝古都金陵相继建造了十余座天妃宫，南京人对妈祖的信仰也盛行起来。虽然这些建筑因战乱大多不复存在，但有的遗迹尚存，特别是龙江天妃宫碑（下关）却保存至今，明成祖御笔碑文依然可认。

妈祖本名林默，福建莆田湄洲岛港里村人，生于宋建隆元年（公元 960 年）农历三月二十三日，卒于雍熙四年（公元 987 年）农历初九日。林氏家族系福建望族，林默高祖林圉，五代时在闽为官；曾祖林保吉曾任后周统军后马使；祖父林孚官至福建兵马总管；父林愿任湄洲都巡检。母王氏，生一男六女，林默最小。

妈祖自出生起便伴随着一个美丽的神奇传说。传说其母王氏"梦神生女"，婴孩出生时，祥光异香充溢着整个房间。令人惊奇的是，这个女婴不哭不叫，直到满月仍一声未哭，故取名"默"，又称林默娘。林默娘生性聪明伶俐，刚周岁时，见到神像便叉手欲拜；5 岁能诵《观音经》；8 岁拜师求学，能悉解文意过目成诵；10 岁喜诵佛经；11 岁能"婆娑按节乐神"；15 岁时曾渡海救助海上遇难船舶；16 岁"窥井得符"，灵通变化，曾梦救父兄。长大后，她矢志不嫁而致力于研医济世等公益事业，行善助人，治病消灾，扶弱济困。她还通晓天文气象，能预见海难等灾祸，热心拯救海难，颇有仙灵气质。关于她的去世，相传雍熙四年九月初九那天，她向姊妹们

道别说："今欲远游，以畅素怀，恨不得同行"，然后便渡海登上湄峰山的最高处，只听到空中恍惚传来鼓乐之声，山上彩云布合，林默娘驾乘彩云而去。此后不久，人们传说经常在海上见到一位红衣仙女四处救危解难，即为羽化升天、得道成仙之林默娘。

林默娘仙逝后，人们颂扬她拯危济困、扬善去恶的精神品德，在湄洲岛上为她建造了第一座庙堂，尊其为"通灵神女"，并亲切地称呼她"姑婆"、"娘妈"、"妈祖"，每逢出海打鱼或经商都要拜祭祷告，祈求妈祖保佑。庙堂一年四季香火不断，而且几乎家家户户的民船上，都供奉着妈祖神像。

妈祖信仰的产生，本是人们对妈祖生前扬善去恶、济世救人、舍身救难的崇高精神的敬仰和神化。后来妈祖信仰之所以能在各地广泛传播，且规格不断提升，主要是宋代及其以后的历代朝廷，借助妈祖信仰来安抚民心、推行国策、维护政权，不断为妈祖加封晋爵的结果。在官方和民间的相互促进下，妈祖信仰的传播不断扩展并深入到我国东南沿海各地以及内陆江河口岸。据统计，全国各地有妈祖宫庙记载的就有22个省市，450个县。随着中国海员和移民的足迹，妈祖信仰被带到日本、东南亚等地，近代还传播到欧、美、澳、非等世界各地。据统计，目前全世界共有妈祖宫庙2500多处，信奉妈祖文化的民众达2亿之多。

# 妈祖信仰与妈祖文化

马　可

妈祖信仰是中国沿海沿江地区的民间信仰之一，妈祖文化现象随着妈祖信仰的形成而产生。随着妈祖信仰从中国东南沿海传播到东南亚乃至世

界各地，妈祖已成为具有世界影响的"航海女神"，妈祖文化也就成为一种影响广泛的世界性文化现象。

妈祖文化是中国传统文化中一个相对独立的组成部分，是以妈祖信仰为载体而发生、衍生的文化因素经多方融合、演变而形成的一种特定文化现象，是一个多层次、多元化的复合体。妈祖文化涵盖甚广，妈祖宫庙建筑、祭祀礼服、僧侣制度、历代统治者对妈祖的褒封与利用、妈祖信仰与海上交通发展的相互促进、海外移民对妈祖信仰的传播、妈祖信仰的功能、祭祀妈祖的风俗习惯、记载妈祖传说和崇敬妈祖的诗词文章等，涉及宗教学、历史学、文学、政治学、民俗学、海洋学等领域。而属于艺术范畴的建筑、雕刻、碑刻、书法、音乐、服饰等，在妈祖祭祀活动中也得到了鲜明的、独具特色的表现，成为妈祖文化乃至汉文化中一个绚丽多彩、不可或缺的组成部分。

妈祖文化生成于"汉文化圈"农耕社会的沿海地区，以福建莆田为中心，随着中国移民尤其是福建人的足迹，南下广东、海南、香港、澳门，北上浙江、江苏、山东、河北、北京、天津、辽宁，东渡台湾，远达日本、菲律宾、新加坡、马来西亚、泰国、印度尼西亚、越南乃至美国、加拿大、葡萄牙、法国等地，形成一个庞大的妈祖文化圈。

妈祖信仰持续一千多年来，形成了许多值得我们深入研究和借鉴的相关学术、文化课题，其丰富的内容归纳起来至少包括以下五个方面：

一是在和平交往方面。妈祖信仰与我国许多和平外交活动有密切关联。如宋代的出使高丽，明代的郑和七下西洋历访亚非30多国，明、清两朝持续近500年的对古琉球国的册封等，都是借助妈祖的精神支柱而战胜海

上的千灾万劫，圆满地完成了和平外交的任务。特别是 1997 年初，湄洲妈祖在台巡游 102 天的活动，是海峡两岸隔海 40 多年来一次规模最大、影响最深、效果最显的民间民俗文化交流活动，也是以中华传统优秀文化教育、激励、团结台湾同胞的一次生动的实践。实践证明，妈祖信仰在台湾有着最广泛的群众基础，起到了联系两岸人民的桥梁和纽带作用，不仅有利于增强台湾民众对中华民族和中华文化的认同感，更有利于广大台湾民众了解祖国大陆，密切两岸同胞的联系，加深两岸同胞的感情，增强对祖国大陆的向心力。同时，对遏制岛内分裂倾向和"台独"意识起到了一定的作用。

二是在海上交通贸易方面。对于航海人员来说，最基本的要求是安全，而海洋之大，气候变化无常。但在危难之时，基于对天妃的信仰，充满了信心，航海人员把天妃（天后）作为精神寄托，促进了航海事业的发展。海上交通的发展又带动了海上贸易的发展，许多中国商人到海外经商，同时又把对天后的信仰随之传到各国。外国商人也到中国经商，促进了沿海港口城市的开发。我国从东北至华南，许多重要的港口城市的开发史几乎都是与妈祖庙息息相关。如"先有娘娘庙，后有天津卫"形象化说明天津港口的起源；上海、杭州、泉州、广州等所设的市舶司均与妈祖庙建在一起；营口、烟台、青岛、连云港等都是以妈祖庙的兴建为标志，使荒凉的农村变为繁荣的城市；香港、澳门、台湾的开发与繁荣也与妈祖直接关联。

三是在科学技术方面。天后是航海的保护神，所有关于天后的祭祀活动无不与海洋有关，这里涉及的就是天文、气象、水文与造船等科学技术。在古代航海中，由于科学与技术不发达，在与恶劣的气候条件和自然环境

拼搏中，总会遭遇到这样那样的天灾人祸，每次航海或捕鱼，总会有几艘船只被大海吞没，不能归来。因此，在新船下水出航时，同时制作一只模型供奉在妈祖庙内，以求妈祖时刻关心此船的安全，保佑风平浪静，安全返航，所以许多妈祖庙内留下了大量的古代船模，这些船模便成为研究我国古代造船历史的重要资料。此外，各地妈祖庙还保存了一些特殊的科技文物。如，莆田涵江天后宫存有一幅明代星图，是研究我国古代利用星图定向航海的难得的实物资料。

四是在文化艺术方面。据有关资料介绍，目前全世界约有2500座妈祖庙，大部分在我国东南沿海地区，其中以台湾海峡两岸一带分布最多。在海外分布在20个国家和地区。作为庙宇建筑，海内外的天后宫虽然各有特点，但究其风格来说都是中国形式的。如，明清式的大屋顶建筑与闽南风格的建筑等。宫内的石雕、木刻、碑刻、壁画、塑像等都是中国传统艺术风格，而壁画、木刻、石雕的内容又多取材于中国历史故事、神话人物、飞禽走兽、山水花卉，充满了浓郁的民间传统文化气息。在规模大的天后宫里，还建有戏楼，更兼有文化娱乐的功能。每逢天后诞辰的农历三月二十三日或其他节日，要举行戏剧演出，这是将酬谢天后保佑平安与文化娱乐结合起来。有的天后宫也是社会上的文化活动场所，颇具俱乐部的性质，演戏、杂耍应有尽有。此外，还有反映天后宫活动的音乐与小说，如莆田湄洲的妈祖乐是在莆仙戏的基础上发展而成的。明代有一本描写林默娘的长篇小说《天妃娘妈传》（又名《天妃出身济世传》），早年就流传到日本，在国内已失传，近年已复制与校订出版。

五是在旅游资源开发方面。天后宫由于自身的特点，所以都建在沿海

或江、河、湖泊之畔，加上天后宫的建筑艺术及有关祭祀活动，因而成为当地一处风景名胜，这也是具有实用价值的旅游资源。对于外国来华的旅游者来说，除观赏自然风光之外，其旅游兴趣主要集中在民俗文化和饮食文化方面，而民俗文化和饮食文化又往往是许多天后宫所具备的基本条件。据了解，到湄洲妈祖庙的旅游者，即使不是妈祖信徒，但对妈祖的祭祀活动颇感兴趣，甚至也加入这一行列体验一番。妈祖乐与具有地方风味的、以海鲜为主的饮食，更增添了地方色彩与文化气息。对于国内旅游者来说，对旅游景点的观赏则比较重视文化气息。天后宫的雕梁画栋、壁画、碑刻、神像雕塑、楹联与匾额更是中华文化的一绝。可以说，没有一处庙宇，没有一处天后宫不具有楹联和匾额，其撰写者从古代皇帝、达官要人到名流逸士，其内容与书法是一门艺术。对于这些重要的旅游资源，有待于我们进一步开发和利用。

# 四、大明雄风

## （一）明君与重臣

### （1）大明王朝

1368年明太祖朱元璋在应天（今南京）称帝，建立明朝，以应天为都城。1421年由明成祖迁都北京。1644年李自成领导的农民战争推翻了明王朝，明代统治历时共276年。

中国明代实行封建专制主义和中央集权，是统一的多民族国家。明初开始用了近20年时间修筑了北边的长城，蜿蜒6000多公里，气势雄伟。郑和奉命出使，七次下西洋，前后历时20余年，与亚非30多个国家进行经济文化交流和贸易往来，促进了明代的经济发展。明代的文化艺术也有较高的历史地位和艺术成就，为后人留下宝贵的文化遗产。

### （2）明太祖朱元璋

朱元璋（1328-1398），濠州人。幼时贫困，曾游方四处，农民起义军领袖，1356年攻克集庆，改名应天。1368年建立大明王朝，定都南京。他统一中华，

废除丞相，加强君权统治；颁《大明律》、《大诰》，以猛治国；鼓励垦荒、实行移民屯田和兴修水利，使国力大增。

### （3）明成祖朱棣

朱棣（1360-1424），确立内阁制；派遣郑和下西洋，与各国邦交贸易；仿南京营建了北京城，其中紫禁城建筑群，是我国也是世界建筑之林的瑰宝；兴修水利，开凿会通河与清江浦；修成《永乐大典》；在行政建制上，新设贵州省；他六次征讨北元与瓦剌，五次御驾亲征。

我国最大的百科全书《永乐大典》

《永乐大典》初名《文献大成》。明永乐元年（1403）七月，明成祖朱棣命姚广孝、郑赐、解缙等人篡修，在南京国子监编抄成书。全书二万二千九百三十七卷，约三亿七千多万字。收录古代重要典籍七八千种，不少宋元以前的佚文秘典，多得藉以保存流传。

### （4）开国功臣

中山王徐达（1331-1385)，濠州人，官至右丞相、大将军。开平王常遇春（1329-1369)，怀远人，官至中书省平章政事、副将军。歧阳王李文忠（1338-1384)，盱眙人，官至副将军、大都督。三功臣均被赐葬钟山北麓，有继续为明王朝拱卫北方之意。

宁河王邓愈（1336-1377)，虹县人，官至御史大夫、征西将军。东瓯王汤和（1325-1395)，濠州人，官至御史大夫、征西将军。黔宁王沐英（1344-1392），定远人，官至大都督府同知、征南右副将军。邓愈赐葬聚宝山，沐英赐葬南郊将军山，均有护守南方之意，汤和墓在蚌埠，有守护皇陵之意。

### （5）朱升与九字方略

朱升（1299-1371），休宁宿儒。吴国公朱元璋打下徽州，为邓愈所荐。朱元璋问策，朱升献九字"高筑墙、广积粮、缓称王"。朱元璋采纳了朱升的建议，为发展壮大自己的力量赢得了先机。开国后，在各地继续筑城，推行军屯和民屯，巩固了政权。

### （6）开国谋士刘基

刘基（1311-1375），青田人。明朝开国功臣，封诚意伯。谋定国计，敷陈王道，帝每恭己以听，常呼老先生而不名，有"帝师"之称。明代朝宪典制多出其手，肇造之功远及清代。首创卫所军制，著《百战奇略》；上《戊申大统历》；纠劾百司、整肃纪纲；有《诚意伯文集》。

### （7）清廉刚正的海瑞

海瑞（1514-1587），琼山人，回族。官至南京吏部右侍郎。嘉靖四十五年（1566)上《治安疏》批评朝政，定死罪。后帝崩，海瑞复官。以右佥都御史巡抚应天十府，力主用太祖峻法惩贪。摧豪强、抑兼并，令徐阶等退田。死于任上，御史清理其家产，只有余银十几两。

### （8）抗倭名将戚继光、俞大猷

戚继光（1528-1587），登州人，参加过京师保卫战。嘉靖三十四年调浙江任参将，清剿倭寇，有"戚家军"。俞大猷（1504-1580），晋江人，官至浙江总兵。率"俞家军"平息浙西倭患。嘉靖四十二、三年间，戚继光与俞大猷等在浙江、广东大歼倭寇，终解东南倭患。

### （9）郑成功收复台湾

郑成功（1624-1662)，因得到南明隆武皇帝赏识，赐姓朱，故被称为"国姓爷"。永历十五年（1661)3月，郑成功亲率大军3万，乘海船数百艘从金

门出发，进取台湾，时台湾为荷兰殖民者侵占。郑成功在台湾人民的支持下，于次年 2 月迫使殖民者投降，收复台湾。

## （二）典故与传说

### （1）"一口井"

朱元璋给他的手下算过一笔账：老老实实地当官，守着自己的俸禄过日子，就好像守着"一口井"，井水虽不满，但可以天天汲取，用之不竭。朱元璋的这个账算得颇有哲理，所以被后人称为"一口井"哲理。

为官能否守住自己的那口"井"，也是对一个为官者道德修养、法纪观念、自控能力等方面的综合考验。一个为官者在他的政治生涯中守住了自己那口"井"，将成为推动自身进步的原始动力；守不住自己那口"井"，则可能走向堕落或毁灭。因为为官者作为公众人物，一言一行都是在群众的评价和监督之下，公饱私囊不行，有失公正也不行，只有不谋己利、心系群众、守住自己那口"井"，才有资格身居官位为民谋事。

### （2）郭桓案

洪武十八年（1385 年），郭桓贪污受贿案东窗事发，举国震惊。郭桓官居户部右侍郎。户部是主管全国的户口、土地、钱粮的衙门。他奉派去浙西收秋粮，应该收四百五十万石，结果只收了六十万石，另收钞八十万锭，按当时粮价折算，大约可抵二百万石，即少收了一百九十万石。郭桓等人共接受浙西等州府官吏赃款五十万贯。郭桓受贿，国库倒霉。最严重的是应天等五府，那里夏粮秋税数十万石无一粒入库。朱元璋所编《大诰》里说，郭桓贪污的粮食，可以供给军队吃三年。郭桓勾结刑、礼、兵、工等六部大小官员及各省府州

县官员大肆贪污受贿，被朱元璋下令处死、入狱、充边惩处者数以万计。

（3）空印案

此案发生在洪武十五年（1382年）。所谓"空印"，就是先盖章，后填写文书。明朝制度规定，各地省府州县的钱粮、户口要在年底核校，以便核对一下可以上缴朝廷多少赋税，这是一个很重要的事情，省府州县核对后，再到省布政司核对，布政司再带着材料到京师户部来核对。

明朝考校钱粮，赋税从各个省来到京师，往返常常需要很长时间。如果到了京师考校钱粮的时候，数字不准确，需要返回重新填写，填完后要盖公章，这对边远省份来说，路上就要好几个月。久而久之，便形成一个习惯—使用空印。带上一份盖好公章的文册，到南京考校钱粮，数字不对就重新填写，很省事。后来，这种情况被朱元璋知道了，朱元璋说："其中必有奸。"钱粮的数字怎能随便填写？这种统计是不能够作为国家税收财政的依据的。朱元璋处罚使用空印的人，凡是掌印的人一律处死，凡是牵连到空印案里的人，不是掌印者也要杖责一百，发配到远方。由空印案被杀、流放受处罚的大小官员数以万计。

（4）斩驸马

朱元璋的第三个女儿安庆公主，嫁给了一个叫欧阳伦的人。婚后，朱元璋封欧阳伦为驸马都尉。当了驸马都尉的欧阳伦，依仗自己的特殊地位，头脑开始发胀起来。

明代，茶叶是我国重要的出口物资，主要用来与西域人交换马匹、绫罗等重要物资。如果有人贩运私茶出境，不治死罪，也得判重刑。一次，欧阳伦奉命出使四川、陕西等地，他沿途敲诈勒索，用低价强行买了50

车茶叶，让管家周保带着车队，浩浩荡荡向西北进发，准备私运出境。车队行至兰县河桥，巡检官一看是茶叶，坚决不让过桥。欧阳伦见河检官挡路，火冒三丈，令周保把巡检狠狠打了一顿。巡检不服，上书朱元璋，揭发了欧阳伦的所作所为。朱元璋为之大怒。他一面下令没收茶货，一面办理欧阳伦案卷，准备斩首。

女儿安庆公主听说要杀欧阳伦，顿时泪如雨下。她跑到朱元璋面前求饶说："念女儿的情面，免他一死吧。"朱元璋怒道："我平时对你说过多少次，一个人要紧的是遵纪守法，修身养性，心正则万事皆全。平时，你不好好劝教欧阳伦，已经错了，今天还要帮他说情，岂不错上加错！我定的法律是为天下所有人的，对自己的女儿、亲戚也不例外！"

安庆公主被父亲狠狠批评了一通，再也不敢求情了。随即，朱元璋下令将女婿欧阳伦杀了。

（5）蓝玉案

蓝玉，定远（今安徽凤阳）人，常遇春妻弟，先后在常遇春、傅友德、徐达麾下领兵作战，临敌勇敢，战功显赫，直至升迁大都督府金事，晋封凉国公。蓝玉随着军中地位的上升，日趋胡作非为。他蓄养大量庄妇，不但欺压百姓，而且殴打官员。蓝玉部属强占东昌民田，官员依法处理，却遭到蓝玉毒打。蓝玉北征回师经过喜峰口，守关的开关慢了点，蓝玉竟纵容部下毁关而去。他指使家人贩卖私盐四百多万斤。

洪武二十五年（1392 年），蓝玉认为此时朱元璋有病，太子朱标病亡，皇太孙朱允纹年幼，天下兵马由自己总管，与他人出谋，于洪武二十六年二月十五日，趁朱元璋出征阳门功农时谋杀之。不料，此事被锦衣卫已发觉，

蓝玉被朱元璋处死,还被诛杀九族。受此案牵连共处罚二万余人。

### (6)砸镂金床

朱元璋率军击败陈友谅后,在其宫内缴获一张镂金床。有人劝朱元璋享用。朱元璋令人将镂金床砸毁,说此床与昏君孟昶的七宝溺器一样,用则丧志。他以陈友谅父子穷奢极欲终取败亡为例,告诫群臣"覆车之辙,不可蹈也。"

### (7)御史直谏

洪武年间,御史周观政巡视南京奉天门时,恰巧遇见太监领着一群女乐往宫内走去。周观政当即上前制止,但领头太监自以为圣旨在身,不把周观政放在眼里,与其强辩。周观政坚持说就是有圣旨也不得违背大明的内宫制度,坚决不让女乐入内。太监无奈只好回宫内面奏朱元璋。不多一会儿,传出皇上口谕,不再让女乐入宫,周御史可以回去休息。不料,周御史不依不饶,坚持"必面奉诏"。朱元璋没有办法只好亲自出宫进行安抚,对周观政说,你做得对,我已经后悔不用女乐了。毋庸置疑,正是明代监察制度和这些监察官的努力,不仅维护了封建统治的正常秩序,而且也捍卫了"朱氏天下"皇权的稳固。

### (8)大写数字的由来

洪武十八年(公元1385年),御史余敏、丁举廷告发,北平布政使司、按察使司(前者为一省最高行政长官,后者为一省司法的主管)李彧、赵全德等人伙同户部侍郎(主管全国征收税款钱粮)郭桓贪污舞弊,吞盗官粮、官金。

朱元璋抓住这个线索穷追不舍。明初以十五布政司分治天下,经追查竟有十二个布政司与郭桓勾结,直至六部左、右侍郎中有许多人牵连其中,全国因此案株连被杀数万人,被这些贪官吞没的国家粮银折合成粮食,几

乎和当时全国征收的秋粮的总和相等。

郭桓案震动全国，罪犯作案的主要手段之一是涂改账册，接受这个教训，朱元璋叫人把原来很容易被人涂改的一、二、三、四、五、六、七、八、九、十、百、千，改成壹、贰、叁、肆、伍、陆、柒、捌、玖、拾、陌、阡。后人把陌、阡逐渐改写成佰、仟。

### （9）"四菜一汤"的由来

"四菜一汤"相传为明太祖朱元璋首倡。公元1368年，朱元璋当上皇帝后，遇上天灾，各地粮食欠收，百姓生活十分困苦，可一些达官贵人却穷奢极欲，过着花天酒地的生活。一天，适逢马皇后的生日庆典，朱元璋趁众位大臣前来贺寿之机，有意摆出粗茶淡饭宴客，以此警醒文武百官。当十多桌赴宴的人坐齐以后，太祖便令宫女上菜。第一道菜是炒萝卜，萝卜，百味药也，民谚有"萝卜上市，药铺关门"之说。第二道菜是炒韭菜，韭菜生命力旺盛，四季常青，象征国家长治久安。再则是两大碗青菜，寓意为官清廉，两袖清风。最后一道极普通的葱花豆腐汤。宴后，朱元璋当众宣布："今后众卿请客，最多只能'四菜一汤'，这次皇后的寿筵席即是榜样，谁若违犯，严惩不贷。"

### （10）禁酒令

公元1358年，朱元璋率军攻打金华时，由于军中粮食缺乏，严令禁酒。大将军胡大海的儿子却违禁酿酒，朱元璋就下令要处死他，都事王恺劝说，胡大海正在领兵攻打绍兴，杀他的儿子不妥，免得激起不测之祸。朱元璋发怒说，宁可胡大海反了，也不可坏我的军令。还亲自抽刀将胡大海的儿子杀了。

### （11）马娘娘禁赌

明太祖朱元璋的皇后马娘娘个儿高脚大，做事雷厉风行。为了禁赌，她特意让人造了一座"逍遥楼"，夏日紧闭门窗，密不透风；冬天窗户洞开，寒风刺骨。当时南京城赌博猖獗，马娘娘叫人抓来赌徒，关在"逍遥楼"里，命令他们继续吆五喝六，大赌特赌。只是楼内不设座位，必须站着赌，也不供应茶水饮食。倘若他们停手不赌，就会挨看守的皮鞭。一天半日犹可，几日下来，即使嗜赌如命者，也是饥肠辘辘，头昏眼花，倒地哭泣求饶。于是马娘娘让他们立下悔罪状，然后释放。南京的赌徒经过"逍遥楼"的分批"培训"，人数逐渐减少，一度猖獗的赌风就这样被刹住了。

### （12）露"马脚"与贴春联

在日常生活中，有些不想让别人知道的事，尤其是弄巧成拙的事，一旦败露，人们就说是露了"马脚"。

明朝开国皇帝朱元璋自小家境贫寒，当过牛倌、和尚，他的妻子是平民出身的马氏。这位马姑娘有一双未经缠过的大脚，女人脚大，这在封建社会是一大忌讳。朱元璋登基后，深居后宫的马皇后为自己的大脚不安，在人们面前从不敢将脚伸出裙外。一日，马皇后游兴大发，乘坐大轿在京城街头游逛，大胆的行人都想瞧瞧皇后的仪容。正巧一阵大风将轿帘掀起一角，马皇后的两只大脚露在众人面前。于是一传十，十传百，轰动民间。从此，露"马脚"这一说法流传于后世。

那年除夕前，朱元璋到京城街头民间微服查访。他来到城南一处集市上，看见不少人围着一幅漫画，漫画上画着一个淮西赤脚女子，怀抱着大西瓜，意思是淮西女人脚大。朱元璋看后心中大为不快，认为有人在嘲笑他的马皇后"大脚"，因为马皇后也是淮西人氏。他便不露声色，

暗记在心。回宫后便派人去查询作画人和围观人，并记下姓名、住址。对没有去围观嬉笑的人，就在他们家门上贴一个"福"字。几天后，军士就到没有贴"福"字的人家去抓人。从此，老百姓便在除夕之时，在家门上贴一"福"字，以示安顺，以保平安。其实这则贴"福"字故事只是传说，而朱元璋提倡贴春联却是事实。史书记载：朱元璋"帝都金陵"，除夕传旨"公卿士庶门上须加春联一副"。明初，贴春联便在全国逐渐成为民间的普遍风俗。

### （13）马娘娘其人

明朝开国皇帝朱元璋曾在狮子山指挥伏兵8万打败了劲敌陈友谅40万人马，为大明王朝建都南京奠定了基础，因此朱元璋与狮子山有不解之缘。朱元璋夫人马娘娘却在因"狮子盘绣球"而得名的绣球山，留下了许多美丽的故事。这是一种巧合，是一种机缘，具有传奇色彩。

大脚马娘娘，芳名秀英，皖北宿州人，生于公元至顺三年（公元1332年）八月初八，时值壬申，肖猴，幼年失怙。在以三寸金莲为美为贵，妇女皆缠足的元代，马秀英坚不裹脚，故被人称为"马大脚"。马秀英十二岁时为其父好友红巾军首领郭子兴收养，二十一岁时嫁给朱元璋，与其共同度过十五年患难与共的征战生涯。公元1368年朱元璋在南京称帝，立国号为大明，建元洪武，册立马秀英为皇后。洪武十五年（公元1382年）八月，积劳成疾的马皇后在南京病故，终年五十一岁。死后被谥为孝慈高皇后，葬于钟山之阳，即朱元璋死后合葬的明孝陵。

大脚马皇后，本是一位极具反叛精神的平凡女子。她生于乱世，有胆有识，在艰难逆境中，全力帮助朱元璋成就大业，五次救朱元璋死里逃生。

做了皇后之后，虽大富大贵，仍不骄不躁，始终不忘民间劳苦，不改勤俭本色，不变平民心态，时常用自己的言行规劝、影响朱元璋。她惩奸佞幸不手软，扶良善鞠躬尽瘁，保忠臣机智灵活，助皇上能屈能伸，革陋习坚决果敢，倡新风大马金刀。朱元璋称她"家有贤妻，犹国之良相"。她对后世影响极大，明、清诸后乃至命妇民妇皆以其为楷模，争相仿效。她是史家公认的中国封建时代的第一贤后。

（14）马娘娘的"脚印"

因绣球山上留有马娘娘"脚印"的具有传奇色彩的传说，绣球公园名声大振，为人们所关注，吸引大批游客慕名而至。为提升公园的知名度，充实景点内容，于一九九二年六月二十四日（农历端午节），建立了马娘娘塑像，并配置了介绍马娘娘生平事迹的图文石刻。依据当年朱元璋出征归朝的船队多由东南方向驶来，同时也考虑到游人照相取景的方便，塑像面东南而立。可从马娘娘的双眼望去，20 米外有一棵 400 余年，直径 50 厘米，高 15 米的挺拔雪松遮住了她的视线。当天，原来晴空万里，骄阳似火，忽然间黑云密布，雷电一闪，一声惊雷将那棵雪松鬼斧神工般地拦腰劈断。目前，仍留有地面上一截。因此，人们奔走相告，传说马娘娘显灵了，这给绣球山又增加了一个颇为神奇的传说。

（15）天下第一军灶

元至正二十年（公元 1360 年），当时地盘最大、兵力最强的红巾军首领之一陈友谅认为天下大势已定，在采石（今安徽马鞍山）的五通庙自行登基称帝，立国号汉，建元大义。不久，大汉皇帝陈友谅率四十万水陆舟师，乘数百条战舰直扑朱元璋占据的应天（今南京）而来，妄图一举消灭朱元

璋及其所部。应天城中的文武官员一片惊慌，有的主张投降，有的主张弃城逃命，乱作一团。马秀英、刘伯温力挽狂澜，力主智胜强敌。朱元璋采纳了刘伯温等人的主张，率8万伏兵在狮子山御敌。为稳定人心，马秀英亲自带领一群妇女在绣球山上，凿了一个天下无双的锅灶，用一口天下无双的大锅，为在狮子山浴血奋战的将士们埋锅做饭。此举果然极大地安定了人心，使将士们人人奋勇，个个争先，一举击败陈友谅，创造了历史上又一个以少胜多的光辉战例，也为大明朝的建立奠定了基础。

### （16）明誓山

洪武六年（公元1373年），明代第一大奸臣胡惟庸篡夺了相位，当上了右丞相，四年后又任左丞相，成为名副其实的百官之首。开国元勋徐达、刘伯温以及大诗人高启等都死于他的谗言之下。对其窃弄权柄，结党营私，排斥异己，迫害忠良，卖官鬻爵，贪污受贿，生活奢侈，祸国殃民，马皇后看在眼里，恨在心头，于洪武十一年（公元1378年）忧愤成病。一天，她独自来到绣球山上，发誓不杀奸贼，死不瞑目。于是挥剑劈山（石），恰巧一声惊雷，山石裂开，于是就有了这座（块）明誓山（石）。第二年，在马皇后的努力下，胡惟庸一伙的阴谋终于败露，朱元璋矫枉过正，杀了胡惟庸以下三万人，这就是明代历史上有名的"胡案"。

### （17）龙回头

胡惟庸奸党的倒行逆施，朝野上下都看在眼里，但因为朱元璋听信谗言，不辨善恶，人们敢怒而不敢言，因此对朱元璋也多有怨尤。洪武帝铲除胡党后，官员百姓奔走相告，都说是龙回头了。于是蜂拥来到此处焚香膜拜，祈求政治清明，国泰民安。

# 五、阅江情怀

## （一）匾额

"得水载舟"、"治隆唐宋"、"俯领吴楚"、"凌空阅世"（常志成书）；"江南第一楼"（尉天池书）；"政通人和"（武中奇书）；"阅江楼"（顾毓秀、尉天池书）

## （二）楹联

（1）起兵濠上先存捧日之心，定鼎江南遂作擎天之柱。（朱元璋题）

（2）登楼阅世抚今追昔，望江怀古鉴往知来。（李瑞环题）

（3）蛟龙东去欲探海，崇楼北望可阅江。（陈立夫题）

（4）天地沉浮迎日出，古今代谢阅江流。（沈鹏书）

（5）吴楚名楼今则四，水天明月古来双。

（6）佳山佳水佳风佳月千秋佳地，痴声痴色痴情痴梦几辈痴人。

（7）六代旧江山楼阁千寻尊虎踞，九州新岁月风涛万里壮宏图。

（8）登楼畅览江奔海，望月微闻桂逸香。

（9）俯瞰奔涛巨龙入世欲探海，仰瞻高阁彩凤引人思阅江。

（10）统万马麾千军功成百战人言信，一九州宁四海国瑞双悬日月明。

（11）东迎紫峰千年瑞气，北望金龙万里雄风。

（12）狮梦醒来顶天立，龙吟远去搏海飞。

（13）千古江声流夕照，九天楼影俯朝飞。


# （三）明清诗词


## 登阅江楼

### 明·王守仁

绝顶楼荒旧有名，高皇曾此驻龙旌。

险存道德虚天堑，守在蛮夷岂石城？

山色古今余王气，江流天地变秋声。

登临授简谁能赋，今古新亭一怆情！


## 阅江楼

### 清·陈文述

卢龙山上阅江楼，旧是高皇翠辇游。

曾为平戎亲战伐，更因破敌树旌游。

荡胸云拥三山壮，放眼风高万里秋。

五百年来人事改，长江依旧接天流。

## 阅江楼

*清·顾 湄*

万里长江一望收，高皇亲建阅江楼。

云开蓬岛星河曙，月出卢龙天地秋。

碧草自生宫寝路，青山仍绕帝王州。

凭君莫问当年事，禾黍同归六代愁。

## 登卢龙山

*明·金大车*

百尺重岩草木齐，古藤垂引蹑云梯。

山间晚雾浮窗近，江上阴云压树低。

塞鹰横空迷北固，淮流带雨入清溪。

吾徒飞动悲迟暮，散发空林听鸟啼。

## 狮子山

*明·罗懋登*

万仞巅崖俯大江，天开此险世无双。

苻坚水见堪贻笑，魏武雄心入挫降。

一统舆图新气象，六朝形胜旧名邦。

题诗未觉登临晚，笑折黄花满酒缸。

## 登卢龙山

明·顾璘

九日寻仙观，黄花照素秋。

林霏寒意动，云叶晚阴稠。

地引三吴胜，江回万古流。

从公歌蟋蟀，不惜醉金瓯。

## 卢龙山夜眺

明·巩珍

北斗挂城头，长江日夜流。

狮王蹲不动，鲸吼海天秋。

## 卢龙观

明·陈沂

狮子山深草树香，丹丘近接石城旁。

楼藏睿藻风涛壮，溪带仙葩水月巷。

东渡地灵怜谢傅，西来天堑忆周郎。

登临莫漫夸名胜，佳气笼葱识帝乡。

## 狮 岭

### 清·孙星衍

卢龙山险狮峰接，老鹳河惊鹤唤频。

三宿崖前公弼住，南朝此际竟无人。

## 卢龙观

### 清·余宾硕

卢龙山势接江东，城郭烟生落日中。

父老讴歌思帝业，君王神武驭英雄。

莓苔蚀路行人少，乌雀翻阶古殿空。

想象玉舆巡幸处，萧萧黄叶起西风。

## 江南好

### 清·张汝南

江南好，仪凤畅游纵，山压雄城蹲俄虎，村藏古观镇卢龙，苍翠销重重。

江南好，静海傍江浔，殿础九楹雕碧玉，佛龛百练抹黄金，三宝证皈心。

## 江城子（题杨雪樵观察金陵策蹇图）

### ——清·邓廷桢

卢龙山下系轻桡，柳条条，路迢迢，十里青芜，宛转度裙腰。认取鞭丝春影瘦，浑不似，玉骢骄。

前头弓样石城桥，麦波摇，蕙烟销，待觅东风，燕子话南朝。纸醉金

迷多少事，都付与，过江潮。

# 龙江关

### 清·毛奇龄

建业重关控上游，龙盘虎踞旧神州。

荆门西扼江流下，越徼东连海气浮。

故国山河天堑合，夕阳宫阙石城秋。

登临转觉乡关远，日暮苍茫涕泗流。

## （四）现代诗词

1995 年下关区委区政府与省诗词协会、省楹联学会、阅江诗社共同举行"阅江杯"南京阅江楼诗词联大赛。现选登其中部分获奖作品。

## 题阅江楼

### 予杞

一筑嵯峨起，登临百感从。

春风来自北，吾道正朝东。

江以海容壮，楼因山助雄。

江楼皆可阅，万象入时空。

## 阅江楼

钟兴群

雁影云天阔，龙吟石岸摇。

日生东海浪，月涌大江潮。

美景十朝嬗，雄怀一代骄。

高楼起盛世，万古挹清标。

## 阅江楼颂

缪 英

万里长江又一楼，天开云雾溯春秋。

当年枉作雕栏梦，此日高昂狮子头。

窗吐彩霞招彩凤，檐伸飞翼引飞舟。

外滩索道从兹展，巧架金桥系五洲。

## 水调歌头

董味甘

欲识春消息，迳上阅江楼。浩渺苍茫天际，六合望中收。吹送西岷烟雨，激荡东吴云水，涤尽古今愁。大地钟灵秀，时彦竞风流。

人间换，朱曦暖，物华稠。指点龙盘虎踞，昂起醒狮头。睥睨前朝雄主，小试补天身手，同乐愿初酬。寄语浮槎客，何日泛归舟。

## 水调歌头·阅江楼

### 陈春啸

飞阁凌云峙，气压古今雄。江天一览，鲸舸螺髻碧波中。钟阜玄湖映翠，琼塔璇宫溢彩，天堑卧长虹。俯仰吟怀畅，新港画图工。

六朝梦，降幡出，总成空。庆功洪武，徒有文赋壮卢龙。一旦乾坤扭转，何赖金汤偏守，狮醒傲苍穹。楼迓八方客，胸纳五洲风。

## 浪淘沙

### 张秋洋

岁月似江流，十代沉浮。龙争虎斗帝王州。胜迹无寻空有记，六百春秋。

海晏展宏猷，终见斯楼。阅江有地豁凝眸。不尽雄涛滚滚去，壮我金瓯。

## 阅江楼

### 蒋省身

高楼雄峙大江滨，胜境名篇擅古今。

千里云山迎晓日，百年风雨喜新晴。

水天一色宏图阔，鸿鹄齐飞健羽轻。

此日登临无限意，民生国计总关情。

## 阅江楼

### 刘宗意

北镇金陵据险关，当年江浪大如山；

君王漫诩平戎剑，狮岭羞听辱国船。

亘古长思伸广翼，而今终见挽狂澜；

齐天楼阁青云上，已变沧桑又一番。

## 阅江楼

### 胡术林

阅江高阁展雄姿，画栋雕梁纪盛时。

世治有缘同献赋，地灵无士不题诗。

登楼极目千帆举，倚槛临风万马嘶。

壮丽楼台壮丽景，浪花千里动遐思。

## 阅江楼

### 欧阳俊

古记绘蜃楼，而今百废修。

王朝随逝水，民力奠金瓯。

览胜吟春色，临江咏碧流。

巨龙经百转，昂首海天游。

## 咏阅江楼

### 陈春啸

崇台纵目意恢宏，楚水吴山指顾中。

狮醒终偿洪武愿，龙腾一改秣陵容。

心随百舸浮沧海，情逐华车贯彩虹。

金粉六朝成往事，阅江楼上正雄风。

## 桂枝香·祝贺南京狮子山新建阅江楼

### 方雪樵

登临纵目，喜浩荡长江，蜿蜒相续。百舸繁星点点，击涛争逐。狻猊昂首朝霞里，震雄威，众山低伏。浪翻红雨，天然图画，绿阴浓馥。

念往昔，群英逐鹿。世事笑如棋，洪武高瞩。此际新楼横出，迈歌豪曲。岳阳黄鹤滕王阁，共名驰，游客成簇。业辉千载，鸿图骏展，举杯三祝。

## 桂枝香·阅江楼

### 邓健南

江天远目，正狮卧龙翔，山态清肃。白浪无声东去，峰峦成簇。乘风且向崖颠立，俯雄城，名楼独矗。蓼汀云渺，帆樯影动，悠然心足。

数前事，英才相逐。只碑记犹存，青史谁续。对景沉吟，此际尽抛荣辱。青春做伴豪情在，赖东风，染得波绿。今朝盛世，群贤毕至，更填新曲。

## 浪淘沙

### 刘宗意

自古大江东，王气葱茏，南来北往竞英雄。欲问浪淘多少恨，往事匆匆。

旧垒有遗踪，天作奇峰，高楼突兀指晴空。阅尽兴亡天地换，满眼春风。

## 水龙吟

### 江龙胜

狮山卓立辉煌，钩心斗角飞檐巧。行云眷恋，流露顾盼，衡阳雁绕。握别帆樯，问安商旅，寄情多少！把十朝余韵，添花缀锦，繁华地，风光好。

六百年前画稿，到而今，只存遗草。铺张有序，描摹得法，扬葩振藻。域内名城，江东新构，敞开怀抱。引嘉宾胜友，登楼眺远，倚栏倾倒。

## 浣溪沙·阅江楼

### 孙皖樵

醉阅江楼赏一奇，东方狮醒逞雄姿。千年史事耐寻思。

楼未起时先有记，我今来此岂无诗？况于光景最佳时！

## 临江仙·阅江楼

### 蒋省身

开拓东南形胜，欣逢今世奇缘。阅江楼畔水连天。山峦郁秀气，阡陌起晴烟。

春色一枝新放，长江几处争妍。宏图一展史无前。江山多胜迹，犹待写新篇。

千载名城，十朝胜地，形称虎踞龙盘，惜宏记久标青史，烁古芳今，难圆洪武煌煌梦；

九州新貌，一代雄风，人谓蛟腾凤起，惊崇楼高接碧霄，楼空出世，俯阅长江滚滚流。（吴之恒）

虎啸、龙吟、狮吼，临天下九重绝唱；

鹤翔、鸥集、鹜飞，跻江南四大名楼。（尹春梅）

独枕狮子山，惊层楼雄峙，登此眺览浩瀚人间，有日月高悬，但觉神驰万里，一脉苍江流不尽；

濒临钟阜，愿大笔长挥，兴来描摹缤纷世界，看古今永继，常思史载千秋，满襟正气付无垠。（澳门冯刚毅）


登楼纵观，九千里长江水，何其雄也。

凭槛欣诵，六百年古文章，不亦快哉。（齐炳元）


结构凌云，漫嗟六百年有记无楼，憾事于今成盛事；

登临纵目，遥想万千里狂涛大浪，沉沙自古伴淘沙。（俞家柽）


登阅江楼，任心潮江潮共旺；

凌卢龙岭，喜国运龙运齐昌。（胡汉焜）


# （五）散文（记）


## 阅江楼记

### 袁瑞良

长江之畔，狮子山上。太祖之旧址，新楼耸立。始自洪武，讫于辛巳。

年遑遑兮六百余载，时漫漫兮几代之遥。土木之师仅有之作，建筑之史绝唱之笔。圆先人难圆之遗梦，添名楼难觅之新贵。成斯事者，岂不与滕子京洪武等先贤雅士共成千秋文史佳话哉。

幸哉！阅江楼。世纪更替，终逢盛世。民族复兴，国运昌盛。两弹守国门，令东洋军刀不敢再试。神舟行天外，使华夏众生得以安席。外修邦交，结伯仲之好于世界各国。内梳政理，改革开放激蓬勃发展活力。于是乎，政通人和，国泰民安。国海莺歌，五洲扬眉。古分疆裂土之都，今成"率先"发展之地。钟鸣鼎食之余，创文教隆昌之市。历三度春秋，集千万巨资，终使孕六百二十六载之阅江楼，得以呱呱坠地。此楼之幸，亦即南京之幸，万千国人之幸也。

今观斯楼之势，虽袭旧制，然其形神已超太祖之妙想宋学士之神思矣。三篇鸿文，已难记其境难述期韵矣。拾级而望，楼高二十二仞，气势巍峨挺拔，英姿绰约而光彩照人。斗拱飞檐，上出重霄。翠阁流丹，下临无地。碧瓦斜阳，晕映四野。曲径盘腰，丹珠裹体。驾卢龙，蜿蜒驱江欲赴东海。白云掠于前，似银燕展翅。秋风旋于后，若虎啸龙吟。绿树红花，摇曳吹呼于四周。冈峦簇拥，列队相随于左右。若登楼远眺，目极四野。则见君王旧景，多变其态。荒凉之处，已呈新姿。倚栏仰视，天宇澄清。不见飞鸟雨云翅幕于下。惟有禄口银鹰翱翔于空。俯视其下，大江东去，江花似火，江水如蓝，波连荆楚，浪涌三吴。两畔绿柳成行，长堤护岸，汹涌江涛不再乱浸无辜。火车南来，声似洪钟，音若雷鸣，行若闪电，迅若流星，往来匆匆运货送人。关山阻隔不再制约南北沟通。高速环城，京沪、宁杭，若银绦丝带，曲折飘逸，起伏绵延，连京沪苏鲁皖浙近于一体。沿途红花

绿草，谷稻澄黄，令滚滚车流轮下生风。尤为壮者，虹桥两道，迭次凌空。一桥近而二桥远。近者，横江平卧，铁骑驰奔于上，苍龙逶迤腹中。远者，斜拉过江，铁索迎风，车逆风行，犹秋千荡于旷野，若长街悬于半空。而飞虹之下，舟舸争渡，各逞其锋。不见飞桨劈水，却闻涛吼笛鸣。环视左右，则见紫金昂头，观苍穹万千气象，扬子吐雾，漫江中八卦之洲。金鹰摩天，遮玄武澄苍倒影，隧道穿地，引万千车骑忽遁之于无形。淮山万壑，虽有驰奔之状，却静而不动，徒作无言之看客。惟水天相接之处，一叶扁舟，蓑翁独钓，尚有当年之意境。待落日西沉，夜幕临江，天地归一，四野如墨，江楼华灯，万盏齐明。似玉宇琼楼，桂殿兰宫，光耀南天一片。又似瀚海航灯，摇曳飘忽于夜幕重重。此楼此景，太祖雄才伟略，谅有所臆断。而从所记之文察之，多未尽料也。倘今见之，恐自叹弗如也。

吾塞外农夫，荷锄入关。自冀闽而入吴越，孤舟独荡，躬耕经年。不追国色，仅效青莲。中通外直，不蔓不枝。委身塘角，寄形池边。溢清香于当世，酿籽实于后人，外无尘世媚俗之苦，内少宦海浮沉之烦，不以荣喜，不以辱悲，为路人之乐而荡涟漪。忙里偷闲，游阅江楼。偶有所感，随手记之，聊表情怀。（原载《新华日报》2004 年 1 月 26 日）

# 后　记

　　"吴楚名楼今则四，水天明月古来双"。坐落在南京城西北狮子山麓的阅江楼，是一个历史人文景观与自然景观融于一体的全国知名旅游胜地，与岳阳楼、黄鹤楼、滕王阁并称为江南四大名楼，为国家4A级旅游风景区。阅江楼这座南京标志性古典建筑的扛鼎之作，以其雄伟壮丽、美轮美奂的形象彰显了南京历史文化名城的神韵风采，展示了古都南京的文化魅力，折射了现代化都市的繁华盛景，为谱写南京明文化史册增添了珍贵的篇章。

　　为反映阅江楼的历史背景、文化内涵、建筑特点、人文遗迹，我们从相关的历史资料、民间传说中撷取了部分内容或进行了综合概括，汇编成《阅江楼》一书。在编写过程中，得到了周子平、陈技明、万贵祥、徐金龙、丁金辉、孙建昌、孙建国等同志的支持帮助，对此表示诚挚的感谢！在编写中，由于我们水平所限、笔力不足，难免有疏漏之处，敬请专家、读者指正。

编者

2012 年 4 月